Unterwürfigkeit
oder:
Sklaverei in Massachusetts

[Originaltitel: Slavery in Massachusetts]

Autor: Henry David Thoreau,
Übersetzung / Fußnoten und weitere Texte: Christina
Schieferdecker

AF284495

Bibliografische Information der Deutschen Nationalbibliothek:
Die Deutsche Nationalbibliothek verzeichnet diese Publikation in der Deutschen Natio-
nalbibliografie; detaillierte bibliografische Daten sind im Internet über
www.dnb.de abrufbar.

Ausgabe März 2021

Herstellung und Verlag:
BoD – Books on Demand, Norderstedt

ISBN: 978-3-7534-6006-2

Inhaltsverzeichnis

VORWORT

(Autorin: Christina Schieferdecker)

Liebe Leserin, lieber Leser,

die vorliegende Schrift *"Unterwürfigkeit oder: Sklaverei in Massachusetts)"* wurde, soweit mir bekannt, nun zum ersten mal ins Deutsche übersetzt. Im vorliegenden Büchlein habe ich auf eine Schilderung von Henry David Thoreaus Leben verzichtet. Es richtet sich in erster Linie an Menschen, denen die Schrift *"Slavery in Massachusetts (Sklaverei in Massachusetts"* fehlt und die nicht ein ganzes Buch mit mehreren Schriften kaufen wollen. Eine kurze Geschichte der Sklavereigesetze füge ich hinzu, da sie häufig im Text genannt werden. Dennoch ist der Original-Titel *"Sklaverei in Massachusetts"* missverständlich. Es gibt keine Sklaverei in Massachusetts. Henry Thoreau wählte diesen Titel, um zu provozieren und Interesse zu wecken. Vielmehr geht es um die Unterwürfigkeit und Selbstentmündigung der Bürger von Massachusetts.

"Es gibt nicht einen Sklaven in Nebraska; es gibt vielleicht eine Million Sklaven in Massachusetts.[1]" (Absatz 2)

---

[1] Nebraska war ein Neugeschaffener Staat ohne offizielle Einwohner, während Massachusetts etwa eine Million Einwohner (laut Thoreau und Cramer 2013) hatte.

Damit meint Henry Thoreau, die selbst verschuldete Unmündigkeit, wie Immanuel Kant es nennen würde. Und entsprechend fordert er auch gegen Ende (Absatz 56) auf:

> *"Verhalte dich so, dass der Duft deiner Handlungen die allgemeine Süße der Atmosphäre verstärken kann[2], damit wir, wenn wir eine Blume sehen oder riechen, nicht daran erinnert werden, wie unvereinbar deine Taten mit ihr sind; denn jeder Duft ist nur eine Form der Werbung für eine moralische Qualität, und wenn keine anständigen Handlungen durchgeführt worden wären, würde die Lilie nicht süß riechen. Der faulige Schleim steht für die Trägheit und das Laster des Menschen, den Verfall der Menschheit; die duftende Blume, die aus ihm entspringt, für die Reinheit und den Mut, welche unsterblich sind."*

Die Menschen sind unterwürfig und unmündig, doch es besteht Hoffnung, schreibt er, weil selbst aus dem schlimmsten stinkenden Schleim, Blumen wachsen können. Das größte Laster ist dabei - in Massachusetts - das Zeitunglesen. Es entmündigt die Menschen, vor allem, wenn sie aufhören selbst nachzudenken und nur noch glauben, was in den Zeitungen steht:

---

[2] Eine originelle Abwandlung des Kategorischen Imperatives von Immanuel Kant: *"Handle so, dass die Maxime deines Willens jederzeit zugleich als Prinzip einer allgemeinen Gesetzgebung gelten könne."* (Kant o. J., §7)

"Wenn Sie in dieser dünnen Schicht leben und sich bewegen, in der die Ereignisse sind, aus denen die Nachrichten bestehen – dünner als das Papier, auf dem sie gedruckt sind -, und Ihr Dasein in dieser dünnen Schicht haben, dann werden diese Dinge für Sie die Welt bedeuten;"
(Absatz 34)

Die Macht der Medien und wie sie die Realität letzten Endes erschaffen, war Henry Thoreau damals durchaus bewusst. Er wollte mit der Schrift *"Sklaverei in Massachusetts"* aufrütteln und den Menschen zurufen: Denkt nach! Seht, was ihr da gerade tut! Ihr stimmt etwas zu, das allem widerspricht, für das die Vereinigten Staaten stehen! Und Warum? Weil es die Zeitungen so schreiben! Die Sklaverei ist schlimm, doch die Ignoranz der Menschen, ihre Oberflächlichkeit und Unterwürfigkeit, mit der sie sich selbst zu Sklaven des Systems machen, lässt Henry Thoreau fast verzweifeln.

Die Aussagen Henry Thoreaus sind einerseits über hundert Jahre alt, andererseits aber auch hoch aktuell, das stellte ich mit jeder Übersetzung einer weiteren Schrift fest. Zu viele halten das, was in den Zeitungen steht, für wahr. Was gedruckt wird, muss wahr sein und wenn es noch dazu in der Tagesschau kommt, dann sowieso. Wir haben viel zu sehr verlernt zu hinterfragen und uns selbst zu fragen, was denn wirklich wichtig ist im Leben. Sind denn die Nachrichten wirklich so wichtig und richtig?

*"Die Zeitung ist eine Bibel, die wir jeden Morgen
und jeden Nachmittag lesen, im Stehen und im
Sitzen, beim Reiten und beim Gehen. Es ist eine
Bibel, die jeder Mensch in seiner Tasche trägt,
die auf jedem Tisch und jeder Theke liegt und die
die Post und Tausende von Missionaren ständig
verteilen. […]
Aber wie viele dieser Prediger predigen die
Wahrheit? Ich wiederhole die Bezeugung vieler
intelligenter Ausländer sowie meine eigene Überzeugung, wenn ich sage, dass wahrscheinlich
kein Land jemals von einer so gemeinen Klasse
von Tyrannen, wie es, mit ein paar edlen Ausnahmen, die Herausgeber der periodischen Presse in
diesem Land sind, ausgeraubt wurde. Und da sie
nur durch ihre Kriecherei leben und herrschen
und an die schlechtere und nicht an die bessere
Natur des Menschen appellieren, befinden sich
die Menschen, die sie lesen, in dem Zustand des
Hundes, der zu seinem Erbrochenen zurückkehrt."*

Leben wir schon, oder lesen wir noch? Leben Sie,
werte Leserin, werter Leser, in dieser dünnen
Schicht, oder können Sie sie noch verlassen? Das
wahre Wissen, so Henry Thoreau, finden wir in uns,
wenn wir an uns glauben, und in der Natur. Die
Nachrichten sind belanglos, verglichen mit uns, wir
sind wichtig, unsere Erlebnisse, Gefühle und
Gedanken sind wichtig. Sie sollten wir als die
eigentlichen Neuigkeiten austauschen und nicht die
Nachrichten der Zeitungen.

Nachrichten können nicht wichtiger sein, als der Mensch - und kein Gesetz kann jemals wichtiger sein, als die Freiheit und die Menschenwürde.

"Ich würde meine Landsleute daran erinnern, dass sie zuerst Menschen sein sollen und erst zu späterer und passenderer Stunde Amerikaner. Es ist egal, wie wertvoll das Gesetz auch [immer] sein mag, um das Eigentum zu schützen, sogar um Seele und Körper zusammenzuhalten, wenn es dich[3] und die Menschlichkeit nicht zusammenhält."[4]

Christina Schieferdecker

---

[3] Das englische "*you*" könnte "*du*", "*Sie*" aber auch "*euch*" bedeuten.

[4] *Unterwürfigkeit oder: Sklaverei in Massachusetts,* Absatz 36

Vorwort

SKLAVEREIGESETZE IN DEN USA

Erste Artikel einer Verfassung waren bereits nach der Unabhängigkeitserklärung ausgearbeitet und 1781 beschlossen worden. Doch nun, nach der neu gewonnenen Unabhängigkeit, galt es, weiter daran zu arbeiten, wie die einzelnen Staaten der USA gemeinsam ein Land werden konnten. Und so trat 1787 der Verfassungskonvent, die verfassungsgebende Versammlung der Vereinigten Staaten, in Philadelphia zusammen. Leider wurde geschachert, so gut es ging, da sich der Norden mit dem Süden und der Osten mit dem Westen einig werden musste. Und so war diese Verfassung der kleinste gemeinsame Nenner aller. Menschenrechte hatten darin keinen Platz, Sklavenhaltung war ausdrücklich überall erlaubt und wurde tatkräftig von allen Staaten unterstützt. Schließlich lebten viele Südstaaten von der Baumwollproduktion und der Norden verdiente daran, indem er aus der billigen Baumwolle aus dem Süden Kleidung in seinen Fabriken herstellte. Außerdem konnte die Regierung am Sklavenhandel über Steuern mitverdienen.

Und so hieß es in dieser Verfassung:[5]

Artikel 1, Abschnitt 9, Satz 1:

"Die Einwanderung oder Einfuhr solcher Personen [= Sklaven], die jeder der jetzt bestehenden Staaten für angemessen hält, wird vom Kon-

---

[5] (Randall 2012)

11

*gress vor dem Jahr eintausendachthundertacht
[1808] nicht verboten, aber es kann eine Steuer
oder ein Zoll auf eine solche Einfuhr erhoben
werden, der zehn Dollar für jede Person nicht
übersteigt."*

Artikel 4, Abschnitt 2:

*"Keine Person [= Sklave], die in einem Staat
nach dessen Gesetzen zum Dienst oder zur Arbeit
verpflichtet ist und in einen anderen Staat flieht,
wird aufgrund eines dortigen Gesetzes oder einer
dortigen Verordnung von diesem Dienst oder dieser Arbeit entbunden, sondern wird auf Antrag
der Partei, der dieser Dienst oder diese Arbeit
zusteht, ausgeliefert."*

Dennoch war es einigen unwohl bei diesen Passa-
gen in der Verfassung, denn das Land der Freien
hatten sich viele anders vorgestellt und so blieben
weitere Spannungen nicht aus.

Auch wenn nach der Verfassung von 1787 Staaten
ohne Sklaverei entflohene Sklaven auf Verlangen
ihrer Besitzer einfangen und zurückschicken mussten, waren viele Staaten des Nordens mit diesen
Regelungen nicht einverstanden und boten entflohenen Sklaven Schutz. Und so kriselte es erneut in
den Beziehungen der Staaten und es kam 1793 zum
ersten *Fugitive Slave Act*, der einem Sklavenhalter
das Bundesrecht garantierte, einen entkommenen
Sklaven wiederzubekommen und eine Geldstrafe
für jeden vorsah, der einen entflohenen Sklaven
versteckte.

12

Doch Gesetze hin oder her: Die Gegner der Sklaverei (so genannte *Abolitionisten*) ruhten nicht. Es gab anständige Menschen in den USA und sie wollten in einer anständigen Welt leben - ohne Sklaven. Doch für den zukünftigen Fall, wenn neue Staaten zur Union hinzukamen, musste eine Lösung gefunden werden, ob diese nun Sklaven halten durften oder nicht. Viele Nordstaaten verlangten ein Verbot, doch die Südstaaten hielten an der Sklavenhaltung fest, um so billig Baumwolle anbauen zu können.

Als der damals extrem große Staat Missouri, der vom Süden bis weit in den Norden reichte, der USA beitreten wollte, musste eine Lösung gefunden werden, damit er beitreten konnte, ohne die Seite der Sklavereigegner oder Sklavereibefürworter zu verärgern. Man beschloss festzulegen, nach welchen Regeln zukünftig Staaten Sklaven halten durften und wann nicht. Dadurch wollte man auch ein Gleichgewicht im Kongress erreichen, damit keine der beiden Seiten zu mächtig wurde.

Der Missouri-Kompromiss vom 3. März 1820 war eine Vereinbarung, die Missouri als Sklavenstaat anerkannte, im Austausch gegen Gesetze, die die Sklaverei nördlich des 36°30'-Breitengrads - mit Ausnahme von Missouri – bei künftigen Neumitgliedern untersagten. Gleichzeitig wurden auch noch Beschlüsse zu anderen Staaten gefällt. Maine wurde als Freistaat in die Union aufgenommen (in einer separaten Gesetzgebung) und Missouri kam als Sklavenstaat hinzu, wodurch das empfindliche Gleichgewicht zwischen den Gegnern und Befürwortern der Sklaverei im Senat erhalten blieb. Ein ähnliches Problem ergab sich wieder 1854 beim *Kansas-Nebraska-Act.*

Die Einwohner von Massachusetts waren nie wirklich glücklich über den *Fugitive Slave Act.* Dies zeigte sich besonders im März 1843. Das so genannte *Latimer-Gesetz (Personal Liberty Act)* kam zustande, nachdem Massachusetts auf Grund des *Fugitive Slave Acts* von 1793 einen ehemaligen Sklaven mit dem Namen George Latimer gefangen genommen hatte und er in die Sklaverei zurück gebracht werden sollte. Es gab heftige Proteste in er Bevölkerung gegen dieses Vorgehen, so dass man sich genötigt sah, ein Gesetz zu erlassen, das es verbot, im Staat Massachusetts entflohene Sklaven gefangen zu nehmen und zu ihrem Sklavenhalter zurück zu schicken.

Henry David Thoreau erwähnt dieses Gesetz in "*Sklaverei in Massachusetts*" (Absatz 9) und schreibt:

> *"Ich habe ein kürzlich erlassenes Gesetz dieses Staates gelesen, das es für jeden Beamten des 'Staates' überall innerhalb seiner Grenzen strafbar ist, 'irgendeine Person festzuhalten oder bei der Festnahme zu helfen, [...] wenn der Grund dafür ist, dass sie als flüchtiger Sklave beansprucht wird.'"*

Weiter erzählt Henry David Thoreau noch von einem Konflikt mit Carolina, der sich Anfang 1844 zutrug. Es gab mehrere Vorfälle, bei denen "schwarze", freie Seeleute, nachdem sie in einem Hafen ankamen, dort verhaftet und zu Sklaven gemacht wurden, auf Grund der dort herrschenden Gesetze über Sklaverei. Cramer schreibt[6]:

"Charles Lyell (1797- 1875) berichtete in seinem A Second Visit to the United States of North America: 'Vor einigen Jahren legte ein Schiff aus Massachusetts in Charleston an, das einige freie Schwarze an Bord hatte [...]. Bei ihrer Landung wurden sie [...] sofort ins Gefängnis gesteckt. Die Regierung von Massachusetts war sehr entrüstet und schickte einen Anwalt, um den Fall zu untersuchen und zu remonstrieren. [...] Einige Tage nach seiner Ankunft wurde das Hotel [in dem er wohnte] [...] von einem Mob von 'Gentlemen' umzingelt, die entschlossen waren, den Gesandten aus Neuengland zu ergreifen. [...] Die Aufregung dauerte fünf Tage [...]. Schließlich gelang es Mr. H. durch den Mut und die Energie einiger führender Bürger, zu entkommen."

Der erwähnte Anwalt war Samuel Hoar, ein Anwalt und Kongressabgeordneter aus Concord, aus Henry David Thoreaus Heimatstadt. Hoar wurde unter Androhung von Gewalt zurück auf sein Schiff gedrängt und flüchtete daraufhin unverrichteter Dinge wieder zurück nach Massachusetts.

Massachusetts und viele weitere Staaten des Nordens hatten mit der Zeit Gesetze erlassen, die es verboten, Sklaven zurück in den Süden zu schicken.

---

[6] (Thoreau und Cramer 2013, 366)

Die Südstaaten waren verärgert und drohten die Union zu verlassen. Und so musste man wieder zu einer neuen Lösung kommen. Auch sie hieß wieder *Fugitive Slave Act*. Er wurde 1850 verabschiedet, damit die Südstaaten die Union nicht verließen. Es wurde vereinbart, dass die Nordstaaten die Sklaven einfangen und an die Südstaaten wieder zurückgeben mussten. Außerdem musste jeder, der einem geflüchteten Sklaven half, mit einer Geldstrafe von 1000$ rechnen oder mit 6 Monaten Gefängnis (Das Gesetz von 1793 enthielt "nur" eine 500$ Strafe - und keine Gefängnisandrohung).

Thomas Sims war einer der ersten Sklaven, die nach dem *Fugitive Slave Act* von 1850 gewaltsam aus Boston in die Sklaverei zurückgebracht wurden. Er floh 1851 aus der Sklaverei in Georgia nach Boston und wurde dort am 4. April 1851 verhaftet. Nach einer Gerichtsverhandlung wurde er zur Wiederversklavung zurückgebracht. Es regte sich großer Widerstand in der Bevölkerung, so dass Soldaten das Gerichtsgebäude bewachen mussten.

Im Februar 1854 floh Anthony Burns aus der Sklaverei in Alexandria, Virginia, indem er sich auf einem Schiff in Richtung Norden versteckte und kam Ende März in Boston an. Es dauerte nicht lange, bis sein Besitzer, ein Mr. Suttle, von seinem Aufenthaltsort erfuhr und ihn zurückforderte. Und so wurde Anthony Burns am 24. Mai 1854 verhaftet. Mehrere Männer hatten daraufhin versucht Anthony Burns zu befreien und wurden dabei festgenommen.

Dazu schreibt Henry David Thoreau in "*Sklaverei in Massachusetts*" (Absatz 46):

"Mit Schande bedeckt, hat sich der Staat kühl hingesetzt, um die Menschen für ihr Leben und ihre Freiheit vor Gericht zu stellen, die versucht haben, ihre Pflicht für ihn zu tun. Und das nennt man Gerechtigkeit! Diejenigen, die gezeigt haben, dass sie sich besonders gut benehmen können, werden vielleicht für ihr gutes Benehmen unter Kaution frei gelassen[7]. Diejenigen, von denen die Wahrheit derzeit verlangt, dass sie sich schuldig bekennen, sind, von allen Einwohnern des Staates [diejenigen], [die] herausragend unschuldig [sind]. Während der Gouverneur, der Bürgermeister und zahllose Beamte des Staates auf freiem Fuß sind, sind die Verfechter der Freiheit inhaftiert."

Als 1854 neue Staaten im "Norden" gegründet werden sollten, Kansas und Nebraska, die zuvor zu Louisiana im "Süden" gehörten, musste wieder eine Einigung gefunden werden, wie einst 1820 beim Missouri Kompromiss. Und so wurde im Mai 1854 der *Kansas-Nebraska Act* beschlossen. Er stellte es den künftigen Einwohnern von Kansas und Nebraska frei, ob sie Sklaven halten wollten oder nicht. Und das bewegte natürlich die Gemüter. Diese zwei Staaten gehörten zuvor zu Louisiana, also einem Sklavenstaat, lagen durch die Abspal-

---

[7]   Im Original: "*be put under bonds for their good behavior.*" Eigentlich steht hier "*werden unter Kaution gestellt*", aber das ist nicht deutsch.

tung von Louisiana jedoch im Norden, in der "*Skla-venverbotszone*" nördlich des 36°30' Breitengrades (siehe Missouri Kompromiss).

Auch die Rede "*Sklaverei in Massachusetts*", die am 4. Juli 1854 in Framingham, Massachusetts, auf der "*Anti-Sklaverei-Feier*" gehalten wurde, war von diesem Ereignis überschattet.

> "[...] *ich war überrascht und enttäuscht, als ich feststellte, dass das, was meine Stadtbewohner zusammengerufen hatte, das Schicksal von Nebraska und nicht von Massachusetts war, und dass das, was ich zu sagen hatte, völlig unange-bracht gewesen wäre. Ich hatte gedacht, dass das Haus brennt und nicht die Prärie*[8]"

Bis zum Beginn des Amerikanischen Bürgerkrieges (1861 bis 1865) änderte sich nichts mehr an den Sklavereigesetzen der USA.

---

[8] Nebraska ist ein Präriestaat. Er besteht aus zwei großen Landregionen, den *Dissected Till Plains* und den *Great Plains*. Die *Dissected Till Plains* bestehen aus sanft geschwungenen Hügeln. Der Name bedeutet etwa "*Zerteil-tes-Geröll-Ebene*" und entstand durch Gletscherbewegungen in der Eiszeit. Die Region *Great Plains* (*Die große Ebene*), die den größten Teil des westlichen Nebraska einnimmt, ist von baumloser Prärie geprägt.

QUELLENANGABE

Autorin: Christina Schieferdecker

Der Text *"Unterwürfigkeit oder: Sklaverei in Massachusetts"* entspricht der Version des 1866 erschienenen Textes mit dem Titel *"Slavery in Massachusetts"* in *"A Yankee in Canada, with Antislavery and reform papers"*[9].

---

[9] (Thoreau u. a. 1866)

Quellenangabe

UNTERWÜRFIGKEIT
ODER:
SKLAVEREI IN MASSACHUSETTS

[Originaltitel: Slavery in Massachusetts]

*(Autor: Henry David Thoreau, Übersetzung und Fußnoten:
Christina Schieferdecker)*

[Die Versammlung]

[1] Kürzlich nahm ich an einer Versammlung der Bürger von Concord teil, in der Erwartung, als einer unter vielen über das Thema der Sklaverei in Massachusetts zu sprechen; aber ich war überrascht und enttäuscht, als ich feststellte, dass das, was meine Stadtbewohner zusammengerufen hatte, das Schicksal von Nebraska und nicht von Massachusetts war, und dass das, was ich zu sagen hatte, völlig unangebracht gewesen wäre. Ich hatte gedacht, dass das Haus brennt und nicht die Prärie[10]; aber

---

[10] Nebraska ist ein Präriestaat. Er besteht aus zwei großen Landregionen, den *Dissected Till Plains* und den *Great Plains*. Die *Dissected Till Plains* bestehen aus sanft geschwungenen Hügeln. Der Name bedeutet etwa "*Zerteiltes-Geröll-Ebene*". Diese Ebene entstand durch Gletscherbewegungen in der Eiszeit. Die Region *Great Plains* (*Die große Ebene*), die den größten Teil des westlichen Nebraska einnimmt, ist von baumloser Prärie geprägt.
Es ist Juli 1854. Der Kongress hatte im Mai den Kansas-Nebraska Act beschlossen, der diese beiden Staaten (Kansas und Nebraska) erst erschaffen sollte um neue Siedlungsgebiete zu erschließen. Außerdem sollte es den künftigen Einwohnern freigestellt werden, ob sie Sklaven halten wollten oder nicht.

21

obwohl mehrere Bürger von Massachusetts jetzt im Gefängnis sitzen, weil sie versucht haben, einen Sklaven aus ihren eigenen[, aus Massachusetts] Fängen zu befreien[11], drückte nicht einer der Redner auf dieser Versammlung sein Bedauern darüber aus, nicht einer erwähnte es auch nur. Es war nur die Anordnung über einige wilde Ländereien[12] tausend Meilen[13] entfernt, die sie zu beschäftigen schien. Die Einwohner von Concord sind nicht bereit, zu einer ihrer eigenen Brücken zu stehen[14], sondern sprechen nur davon, eine Position auf dem Hochland jenseits des Yellowstone River einzunehmen[15]. Unsere Buttricks und Davises und Hosmers[16] ziehen sich dorthin zurück, und ich fürchte, dass sie kein

---

Und das bewegte natürlich die Gemüter. Diese zwei Staaten gehörten zuvor zu Louisiana, also einem Sklavenstaat, liegen aber, nach der Abtrennung von Louisiana, im Norden, in der "Sklavenverbotszone" nördlich des 36°30' Breitengrades (Missouri Kompromiss, siehe auch Fußnote 21).

[11] Mehrere Männer hatten versucht den ehemaligen Sklaven Anthony Burns (der in Boston festgehalten wurde um in die Sklaverei abgeschoben zu werden) zu befreien und wurden dabei festgenommen.

[12] Es war noch nahezu unerschlossenes Gebiet.

[13] Tatsächlich sind es etwa 1500 Meilen = 2400 km

[14] Anspielung auf die Schlacht an der Nordbrücke in Concord am 19. April 1775, die den Beginn der Amerikanischen Revolution einläutete.

[15] Der Yellowstone River fließt nördlich von Nebraska, aus den Rocky Mountains kommend, fast an der Grenze zu Kanada. Damals war das Niemandsland.

[16] Bürger von Concord, die an der Schlacht an der North Bridge teilnahmen (Thoreau und Cramer 2013).

Lexington Common[17] zwischen sich und dem Feind lassen werden. Es gibt nicht einen Sklaven in Nebraska; es gibt vielleicht eine Million Sklaven in Massachusetts.[18]

[2] Sie, die aus der Politik kommen[19], versagen jetzt und immer, [wenn es darum geht,] den Tatsachen ins Auge zu sehen. Ihre Maßnahmen sind nur halbe Sachen und Behelfslösungen. Sie schieben den Tag der Abrechnung auf unbestimmte Zeit hinaus, und in der Zwischenzeit häufen sich die Schulden an. Obwohl das Gesetz über flüchtige Sklaven[, das Fugitive Slave Law,][20] bei dieser Gelegenheit nicht zur Diskussion stand, wurde nach einiger Zeit, wie ich erfuhr, von meinen Stadtbewohnern bei einer vertagten Versammlung zaghaft beschlossen, dass

---

[17] Als *Lexington Battle Green* (auch *Lexington Common*) wird ein etwa ein Hektar großes Gebiet bezeichnet, auf welchem zwischen Lexington und Concord die erste Schlacht des Revolutionskriegs am 19. April 1775 stattfand.

[18] Nebraska war ein Neugeschaffener Staat ohne offizielle Einwohner, während Massachusetts etwa eine Million Einwohner (laut Thoreau und Cramer 2013) hatte.

[19] Im Original: "*who have been bred in the school of politics*" = Die, "*die in der Schule der Politik herangezüchtet worden sind*"

[20] Eigentlich heißt es richtig "*Fugitive Slave Act*" (Thoreau verwendet "*Law*" statt "*Act*"). Er wurde 1850 verabschiedet, damit die Südstaaten die Union nicht verließen, nachdem sie sich beschwert hatten, dass so viele Sklaven in die Freiheit geflohen waren - in die Nordstaaten. Um zu verhindern, dass Sklaven fliehen, wurde im *Fugative Slave Act* vereinbart, dass die Nordstaaten die Sklaven einfangen und an die Südstaaten wieder zurückgeben mussten.

der Kompromissvertrag von 1820[21] von einer der Parteien abgelehnt wurde, "deshalb ... muss das Gesetz über flüchtige Sklaven [Fugitive Slave Law] von 1850 aufgehoben werden." Aber das ist nicht der Grund, warum ein ungesetzliches Gesetz aufgehoben werden sollte. Der Tatsache, der sich der Politiker stellen muss, ist lediglich, dass es weniger Ehre unter Dieben gibt als angenommen, und nicht der Tatsache, dass sie Diebe sind.[22]

[3] Da ich keine Gelegenheit hatte, meine Gedanken bei diesem Treffen auszudrücken, erlauben Sie mir, dies hier zu tun?

---

[21] Der Missouri-Kompromiss vom 3. März 1820 war eine Vereinbarung, die Missouri als Sklavenstaat anerkannte, im Austausch gegen Gesetze, die die Sklaverei nördlich des 36°30'-Breitengrads - mit Ausnahme von Missouri - untersagten.

[22] Dies bedeutet: Man soll nicht annehmen, dass Menschen, die böses tun, Ehre oder Prinzipien haben. Es reicht nicht, sich klar zu machen, dass sie Böses tun, man muss sich auch klar machen, dass sie über keinerlei Rechtsempfinden verfügen. Der Ursprung der Redewendung *"there is (no) honor among thieves"* (*"Es gibt (keine) Ehre unter Dieben"*) ist nicht bekannt, doch gibt es ihn in abgewandelter Form häufiger, ... so in Don Quichote:
"Das alte Sprichwort gilt immer noch, Diebe sind niemals Schurken untereinander." (Grammarist o. J.)
... oder in Shakespeares Heinrich IV, Teil 1:
"und die Bösewichte mit dem Herzen aus Stein wissen es gut genug:
Es ist eine Plage, wenn Diebe zueinander nicht ehrlich sein können! " (Shakespeare o. J.)

[Der Gouverneur]

[4] Wieder einmal kommt es vor, dass das Bostoner Gerichtsgebäude voll von bewaffneten Männern ist, die einen MANN gefangen halten und verhandeln, um herauszufinden, ob er nicht wirklich ein SKLAVE ist. Glaubt irgendjemand, dass Gerechtigkeit oder Gott auf [Richter] Lorings Entscheidung wartet? Wenn er immer noch dasitzt und entscheidet, während diese Frage bereits seit Ewigkeiten[23] entschieden ist und der analphabetische[24] Sklave selbst und die Menge um ihn herum die Entscheidung längst gehört und ihr zugestimmt haben, dann macht er sich einfach lächerlich. Man könnte versucht sein zu fragen, von wem er sein Amt[25] erhalten hat und wer er ist, [was für eine Art Mensch er ist,] der es erhalten hat; welchen neuartigen Gesetzen[26] er gehorcht und welche Präzedenzfälle[27] für

---

[23] Im Original: "*from eternity to eternity*" = "*von Ewigkeit zu Ewigkeit*"

[24] Im Original: "*unlettered*", was auch "*ungebildet*" heißen kann. Doch war Burns (der "Sklave") Prediger, weshalb ich annehme, dass er lediglich nicht lesen konnte.

[25] Im Original: "*commission*" = *Amt, offizielle Aufgabe*

[26] Im Original: "*statutes*" = *Satzungen, Statuten, Gesetze*

[27] Im Original: "*precedents*". "*Präzedenzfälle*" sind Fälle, die als Vorbild genommen werden und nach denen das eigene Urteil gefällt wird. Meist sind sie im amerikanischen Gesetz bindend, d.h. sie werden zu neuem Recht. Doch diesen Fall meint Thoreau hier nicht. Ich vermute, dass es damals nur "*ähnliche Fälle*" waren, die dann herangezogen und zu wichtigen Richtschnüren für spätere Entscheidungen wurden. Ein neuer Präzedenzfall wäre dann lediglich ein neuer Fall, nach welchem andere sich richten, bzw. auf den sich andere stüt-

ihn von Bedeutung sind. Die bloße Existenz eines solchen Schiedsmannes ist eine Unverschämtheit. Wir bitten ihn nicht, sich eine Meinung zu bilden, sondern seine Meute zu bilden.[28]

[5] Ich lausche, um die Stimme eines Gouverneurs, [des] Oberbefehlshaber[s] der Streitkräfte von Massachusetts, zu hören. Ich höre nur das Zirpen der Grillen und das Summen der Insekten, die jetzt die Sommerluft erfüllen. Die Heldentat des Gouverneurs ist es, die Truppen an Musterungstagen zu überprüfen. Ich habe ihn hoch zu Ross gesehen, mit abgenommenem Hut, dem Gebet eines Kaplans lauschend. Das ist wohl alles, was ich je von einem Gouverneur gesehen habe. Ich glaube, ich käme auch ohne einen aus. Wenn er nicht einmal verhindern kann, dass ich entführt werde[29], was soll er mir dann nützen? Wenn die Freiheit am meisten gefährdet ist, bleibt er unsichtbar.[30]

---

zen können.

[28] Im Original: "*We do not ask him to make up his mind, but to make up his pack.*" Leider hat das "*pack*" (= *Meute, Bande, Clique*, etc.) keinen Bezug zu irgendeiner Aussage vor oder nach dem Satz, so dass die genaue Bedeutung etwas unklar ist.

[29] Anthony Burns, ein geflüchteter Sklave (siehe Fußnote 50), wurde quasi entführt und vor Gericht geschleppt, obwohl er eigentlich ein "Bürger Massachusetts" (laut Thoreau) war, da er in Massachusetts lebte.

[30] Eigentlich "*he dwells in the deepest obscurity.*" = "*er verbleibt in der tiefsten Dunkelheit*". Im Deutschen sagen wir eher, jemand bleibt *unsichtbar*, als *in der Dunkelheit*.

[6] Ein angesehener Pfarrer erzählte mir, dass er den Beruf des Pfarrers wählte, weil dieser die meiste freie Zeit für literarische Beschäftigungen bot.[31] Ich würde ihm den Beruf eines Gouverneurs empfehlen.

[7] Auch vor drei Jahren, als die Sims-Tragödie[32] aufgeführt wurde, sagte ich zu mir: Es gibt [tatsächlich] einen solchen Offizier, wenn nicht gar einen solchen Mann, wie den Gouverneur von Massachusetts? - Was hat er in den letzten vierzehn Tagen gemacht? Hat er [nicht] alles getan, was in seiner Macht stand[33], um sich nicht auf eine Seite stellen zu müssen[34], während dieses moralischen Erdbebens? Es schien mir, dass keine schärfere Satire hätte aufgeführt[35] werden können, keine schärfere Beleidigung hätte diesem Manne angeboten werden

---

[31] Im Original: "*the most leisure for literary pursuits*" ("*die meiste Freizeit für literarische Beschäftigungen*"). Der Beruf gibt ihm viel Freizeit, um Bücher lesen zu können.

[32] Thomas Sims floh 1851 aus der Sklaverei in Georgia nach Boston. Er wurde im selben Jahr nach dem *Fugitive Slave Act* von 1850 verhaftet, hatte eine Gerichtsverhandlung und musste zur Versklavung zurückkehren. Thomas Sims war einer der ersten Sklaven, die nach dem *Fugitive Slave Act* von 1850 gewaltsam aus Boston in die Sklaverei zurückgebracht wurden.

[33] Im Original: "*as much as he could do*" = "*so viel wie er tun konnte*"

[34] Im Original: "*to keep on the fence*" = "*um zwischen allen Stühlen zu sitzen*". Er hat sich weder für die Position der Gegner noch für die der Unterstützer der Sklaverei ausgesprochen..

[35] Eigentlich "*aimed at*" = *erstrebt, darauf hingearbeitet, bezweckt*

können, als gerade das, was geschah? - Das Fehlen jeglicher Nachfrage nach ihm in dieser Krise. Das Schlimmste und meiste, was ich zufällig über ihn weiß, ist, dass er diese Gelegenheit nicht genutzt hat, um sich bekannt zu machen, und zwar würdig bekannt. Er hätte sich zumindest dem Ruhm hingeben können.[36] Es schien vergessen zu sein, dass es einen solchen Mann oder ein solches Amt gab. Doch zweifellos war er bemüht die ganze Zeit über den Gouverneursstuhl auszufüllen[37]. Er war nicht mein Gouverneur. Er hat mich nicht regiert.

[8] Aber im vorliegenden Fall wurde der Gouverneur endlich gehört. Nachdem er und die Regierung der Vereinigten Staaten darin erfolgreich waren, einen armen, unschuldigen Schwarzen lebenslänglich seiner Freiheit zu berauben, und, sie gingen soweit[38], dass er, [der Gouverneur,] mit dem Gefühl Gottes auf seiner Seite[39], bei einem Gratulations-

---

36 Im Original: "*He could at least have resigned himself into fame.*" "*resigned himself into fate*" wäre, sich seinem Schicksal ergeben. Hier ist es nicht das Schicksal, sondern der Ruhm.

37 Im Original: "*to fill*" (*füllen*): Er hat seine Zeit damit verbracht, einen Stuhl auszufüllen (mit seinem Körper), anstatt zu regieren.

38 Im Original: "*as far as they could*" (= "*so weit wie sie konnten*"): Das Original enthält kein Verb, das "*they*" bezieht sich auf den Satz zuvor, nicht auf den danach, weshalb ich mich zu dieser Deutung entschlossen habe.

39 Im Original: "*of his Creator's likeness in his breast*", was wörtlich bedeutet: "*Mit dem Abbild des Schöpfers in der Brust*". Doch "*likeness*" enthält auch "*like*" im Sinne von "*mögen*". Gott mag, was sein Abbild ist. Zudem steht "*liken-*

essen [zum erfolgreichen Abschluss der Abschiebung eines Menschen in die Sklaverei] eine Rede an seine Komplizen hielt!

[9] Ich habe ein kürzlich erlassenes Gesetz dieses Staates gelesen, das es für jeden Beamten des "Staates[40]" überall innerhalb seiner Grenzen strafbar ist, "irgendeine Person festzuhalten oder bei der Festnahme zu helfen, [...] wenn der Grund dafür ist, dass sie als flüchtiger Sklave beansprucht wird."[41] Es war auch bekannt, dass ein "Erlass auf Herausgabe wegen widerrechtlicher Festnahme"[42], um den Flüchtigen aus dem Gewahrsam des United States Marschalls zu nehmen, nicht eingereicht werden konnte, aus Mangel an ausreichender Unterstützung[43], um dem Beamten zu helfen [dies zu tun].

---

ess" auch für "*Gleichartigkeit*". Man ist also auch gottgleich. Um diese verschiedenen Bedeutungen einzufangen, habe ich etwas freier übersetzt.

[40] Im Original: "commonwealth" , was auch *Staatenbund* oder *Bürgerreich* heißen kann. Thoreau beschreibt Massachusetts häufiger als "Commonwealth".

[41] Das so genannte "*Latimer-Gesetz*" (*Personal Liberty Act*) von Massachusetts vom März 1843. Es kam zustande, nachdem Massachusetts auf Grund des *Fugitive Slave Acts* von 1793 (ein Bundesgesetz) ein ehemaliger Sklave mit Namen George Latimer in Massachusetts gefangen genommen wurde und in die Sklaverei zurück gebracht werden sollte. Daraufhin gab es einen großen Aufstand in er Bevölkerung und ein Gesetz, das *"Latimer-Gesetz"*, wurde erlassen, das es verbietet, im Staat Massachusetts entflohene Sklaven gefangen zu nehmen und zu ihrem Sklavenhalter zurück zu schicken.

[42] Ein "*writ of replevin*", das ist Juristenenglisch.

[43] Im Original: "*sufficient force*". "*force*" ist *Macht, Kraft, Stärke*.

[10] Ich hatte gedacht, der Gouverneur wäre in gewissem Sinne der [oberste] ausführende Beamte[44] des Staates; [und] dass es seine Aufgabe als Gouverneur sei, dafür zu sorgen, dass die Gesetze des Staates ausgeführt werden; während er als Mensch darauf achtet, dass er durch seine Handlungen nicht die Gesetze der Menschlichkeit bricht; aber, sobald es irgendeinen besonders wichtigen Nutzen für ihn gibt, ist er nutzlos, oder schlimmer als nutzlos, und lässt zu, dass die Gesetze des Staates [Massachusetts] nicht ausgeführt werden.[45] Vielleicht weiß ich nicht, was die Pflichten eines Gouverneurs sind; aber wenn Gouverneur zu sein erfordert, sich selbst so viel Schmach zu unterziehen ohne sich diesem

---

Cramer (Thoreau und Cramer 2013) schreibt:
"*Ein* 'writ of replevin' *wurde dem U.S. Marschall Watson Freeman zugestellt, der sich mit der Begründung weigerte, dass er Burns aufgrund eines legalen Prozesses besitze. Freeman hatte eine starke zivile und militärische Truppe hinter sich. Der Bostoner Gerichtsmediziner Charles Emery Stevens erklärte sich bereit, die Verfügung zuzustellen und den Gefangenen freizulassen, vorausgesetzt, es könnten genügend Kräfte angeworben werden, um Freemans Kräfte zu überwinden.*"
Doch nicht nur der Marschall wehrte sich, auch das Oberste Gericht lehnte eine "writ of replevin" ab.

[44] Tatsächlich ist dies wörtlich übersetzt: "*executive officer*", damit es im weiteren Satz passt, da am Ende nochmals "*executed*" kommt. Doch bedeutet "*the executive officer*" auch "*der Vollzugsbeamte*". Der "*executive officer of the State*" ist so etwas wie "*der Chef der Exekutive des Staates*".

[45] Thoreau spricht hier das sogenannte *Latimer-Gesetz* (siehe Fußnote 41) an, das extra in Massachusetts für diesen Zweck, damit keine Sklaven mehr in den Süden ausgeliefert werden müssen, erlassen worden war..

entziehen zu können[46], wenn es bedeutet meine
Männlichkeit zu beschneiden[47], werde ich darauf
achten, nie Gouverneur von Massachusetts zu sein.
Ich habe nicht viel in den Statuten dieses Staates[48]
gelesen. Es ist keine gewinnbringende Lektüre. Sie
sagen nicht immer, was wahr ist; und sie meinen
nicht immer, was sie sagen. Was mir Sorge bereitet,
ist zu wissen, dass der Einfluss und die Autorität
dieses Mannes auf der Seite des Sklavenhalters
waren und nicht auf der Seite des Sklaven? - [Auf
der Seite] des Schuldigen und nicht des Unschuldigen? - [Auf der Seite] der Ungerechtigkeit und nicht
der Gerechtigkeit.[49] Ich habe ihn, von dem ich spre-
che, nie gesehen; tatsächlich wusste ich nicht, dass
er Gouverneur war, bis dieses Ereignis eintrat. Ich
hörte von ihm und Anthony Burns[50] zur gleichen
Zeit, und auf diese Weise werden zweifellos die

---

[46] Eigentlich "*witout remedy*", also ohne Abhilfe, Heilmittel,
Gegenmittel

[47] Im Original: "*if it is to put a restraint upon my manhood*"
bedeutet wörtlich: "*Eine Hemmung meiner Männlichkeit*"

[48] Im Original: "commonwealth", was auch *Staatenbund* oder
Bürgerreich heißen kann.

[49] Im Original. "*of injustice, and not of justice*" kann auch hei-
ßen "*auf Seite des Unrechts und nicht des Rechts*", da das alte
Recht von Massachusetts *(Latimer-Gesetz)* die stattgefundene
Gefangennahme und Auslieferung verbietet.

[50] Anthony Burns war ein flüchtiger Sklave, der am 24. Mai
1854 verhaftet wurde. Im Februar 1854 floh Anthony Burns
aus Alexandria, Virginia, indem er sich auf einem Schiff in
Richtung Norden versteckte und kam Ende März in Boston
an. Es dauerte nicht lange, bis sein ehemaliger Besitzer, ein
Mr. Suttle, von seinem Aufenthaltsort erfuhr und ihn zurückforderte.

31

meisten [erst jetzt] von ihm hören. So weit bin ich davon entfernt, von ihm regiert zu werden. Ich meine nicht, dass das, was ich hörte[51], etwas zu seiner Schande war, sondern nur, dass ich hörte, was ich hörte. Das Schlimmste, was ich von ihm sagen werde, ist, dass er sich nicht besser bewährt hat, als die Mehrheit seiner Wähler es wahrscheinlich tun würde. Meiner Meinung nach war er dem Anlass nicht gewachsen.

[Soldaten]

[11] Die ganze Militärmacht des Staates steht einem Mr. Suttle, einem Sklavenhalter aus Virginia, zu Diensten, um ihn in die Lage zu versetzen, einen Mann zu fangen, den er sein Eigentum nennt; aber nicht ein einziger Soldat wird aufgeboten, um einen Bürger von Massachusetts davor zu bewahren, entführt zu werden![52] Ist es das, wofür all diese Soldaten, all diese Ausbildung, in den letzten neunund-

---

[51] Im Original: "*I had not heard of him*". Ich vermute, dieses "not" wird im Sinne einer doppelten Verneinung verwendet, was im Englischen eine Betonung einer Verneinung ist, weshalb ich es weggelassen habe.

[52] Hier ist Anthony Burns gemeint.
Sowohl bei Burns als auch bei Sims (1851, siehe Fußnote 32) wurde eine Armee aufgefahren um sie an der Flucht zu hindern, nachdem es 1851, kurz vor der Festnahme von Sims, einem Sklaven, Shadrach Minkins, gelungen war aus dem Gefängnis zu fliehen.

siebzig Jahren gewesen sind?[53] Wurden sie nur aus-
gebildet, um Mexiko auszurauben[54] und flüchtige
Sklaven zu ihren Herren zurückzubringen?

[12] Gerade in diesen Nächten hörte ich den Klang
einer Trommel in unseren Straßen. Da waren Männer, die immer noch trainierten; und für was? Ich
konnte mit Mühe den Hähnen von Concord verzei-
hen, dass sie immer noch krähten, denn vielleicht
waren sie an diesem Morgen noch nicht [in diesem
Wettstreit] geschlagen worden[55]; aber ich konnte
dieses Geräusch der Trommeln, das diese "Üben-
den" machten, nicht entschuldigen. Der Sklave
wurde von genau solchen zurückgebracht; d.h. von
dem Soldaten, von dem man in diesem Zusammenhang höchstens sagen kann, dass er ein Narr ist, der
durch einen bemalten Mantel Aufmerksamkeit
erhält.

[Nachbarn]

[13] Auch vor drei Jahren [1851], nur eine Woche
nachdem die Behörden von Boston sich versammelt
hatten, um einen vollkommen unschuldigen Mann,

---

[53] Von 1775 (Beginn des Kampfes für die Unabhängigkeit) bis
1854.

[54] Um Staaten von Mexiko zu erobern (wie zum Beispiel Kali-
fornien oder Teile von Texas).

[55] Im Original: "*to be beaten*" bedeutet unter anderem "*geschlagen werden*" im Sinne von "*in einem Wettkampf*" geschlagen
werden. Es könnte also eine Darstellung sein, eines Wett-
kampfes des Krähens, den die Hähne gegen die Offiziere
noch nicht aufgegeben haben.

von dem sie wussten, dass er unschuldig war, in die Sklaverei zurückzutragen[56], ließen die Einwohner von Concord die Glocken läuten und die Kanonen abfeuern, um ihre Freiheit zu feiern[57]... und den Mut und die Freiheitsliebe ihrer Vorfahren, die an der Brücke [von Concord] gekämpft hatten. Als ob diese drei Millionen für das Recht gekämpft hätten, selbst frei zu sein, und drei Millionen andere in Sklaverei zu halten. Heutzutage tragen Männer eine Narrenkappe und nennen sie Freiheitsmütze.[58] Ich weiß nicht, ob es nicht einige gibt, die, wenn sie an einen Pfahl zum Auspeitschen[59] gebunden wären und nur eine Hand frei hätten, [dann] damit die Glocken läuten und die Kanonen abfeuern würden, um ihre Freiheit zu feiern. So nahmen sich einige meiner Stadtbewohner die Freiheit, zu läuten und zu feuern. Das war das Ausmaß ihrer Freiheit; und als der Klang der Glocken verstummte, verstummte auch ihre Freiheit; als das Pulver verbraucht war, verschwand ihre Freiheit mit dem Rauch.

---

[56] Hier geht es wieder um Thomas Sims, einen geflüchteten Sklaven aus Georgia, der am 4. April 1851 in Boston verhaftet wurde.

[57] Es wurde die siegreiche Schlacht an der Nordbrücke in Concord am 19. April 1775 gefeiert, die die Unabhängigkeit der USA von England zur Folge hatte.

[58] Die *"Liberty Cap"* (Freiheitsmütze) ist eine rote Mütze, die an eine Zipfelmütze ohne Zipfel erinnert - oder an eine Narrenkappe. Sie war tatsächlich im 19. Jahrhundert populär.

[59] Ein *"whipping-post"* = *"Auspeitsch-Pfahl"*

[14] Der Witz könnte nicht größer sein, wenn die Insassen der Gefängnisse das gesamte Pulver, das für solche Salutschüsse verwendet werden sollte, bezahlen müssten[60] und die Gefängniswärter anstellen würden, um das Schießen und Läuten für sie zu erledigen, während sie es durch das Gitter genossen.

[15] Das ist es, was ich über meine Nachbarn[61] dachte.

[Eine neue Schande]

[16] Jeder humane und intelligente Einwohner von Concord dachte, als er oder sie diese Glocken und Kanonen hörte, nicht mit Stolz an die Ereignisse des 19. April 1775 [als Milizen von Massachusetts gegen die Engländer gewannen][62], sondern mit Scham an die Ereignisse des 12. April 1851[, der Abschiebung von Thomas Sims]. Aber jetzt haben wir diese alte Schande halb unter einer neuen begraben.

---

[60] Eigentlich "*were to subscribe for*", also wörtlich "*dafür unterschreiben müssten*". Manchmal auch übersetzt mit "*abonnieren müssten*". Eigentlich ist es "*sich für etwas verpflichten*". Da sie jedoch im Gefängnis sitzen, können sie nur für das Finanzielle herhalten, alles andere geht nicht.

[61] Thoreau nennt jeden Einwohner Concords "*Nachbarn*"

[62] Kämpfe zwischen britischen Truppen und und Soldaten der Kolonie Neuengland lösten am 19. April 1775 auf dem *Lexington Common* (siehe Fußnote 17) zwischen Lexington und Concord, den amerikanischen Unabhängigkeitskrieg aus.

[17] Massachusetts saß da und wartete auf Mr. Lorings Entscheidung, als ob diese in irgendeiner Weise ihre eigene Kriminalität beeinflussen könnte. Ihr Verbrechen, [das Verbrechen der Einwohner von Massachusetts,] das auffälligste und verhängnisvollste Verbrechen von allen, war es, ihm zu erlauben, der Schiedsrichter in einem solchen Fall zu sein. Es war wirklich ein Prozess, bei welchem Massachusetts der Prozess gemacht wurde[63]. In jedem Augenblick, den es [(Massachusetts)] zögerte diesen Mann freizulassen - in jedem Augenblick, den es jetzt zögert, sein Verbrechen zu sühnen, wird es verurteilt. Der Richter[64] in seinem Fall[, im Fall von Massachusetts,] ist Gott; nicht Edward G. Gott[65], sondern einfach Gott.

[18] Ich wünsche, dass meine Landsleute bedenken, dass, was auch immer das menschliche Gesetz sein mag, weder ein Individuum noch eine Nation jemals den geringsten Akt der Ungerechtigkeit gegen das unbedeutendste Individuum begehen kann, ohne die Strafe dafür bezahlen zu müssen.[66]

---

[63] Im Original: "*It was really the trial of Massachusetts.*" Dies bedeutet: Massachusetts stand vor Gericht, deshalb meine kleine Erweiterung.

[64] Im Original: "*Commissioner*". Der Comissioner ist unter anderem der Vertreter der Regierungsbehörde in einem Distrikt, einer Provinz oder einer anderen Einheit, der häufig sowohl gerichtliche als auch administrative Befugnisse besitzt. Deshalb werden Richter oft als "*Comissioner*" bezeichnet

[65] Der Richter im Burns-Fall hieß Edward G. Loring.

[66] Hier bezieht sich Thoreau auf Matthäus 25:40: "*Und der König wird antworten und sagen zu ihnen: Wahr-*

Eine Regierung, die absichtlich Ungerechtigkeit begeht und darauf beharrt, wird schließlich sogar zum Gespött der Welt werden.

[Würstchen]

[19] Es ist viel über die amerikanische Sklaverei gesagt worden, aber ich glaube, dass wir noch nicht einmal erkennen, was Sklaverei ist. Wenn ich dem Kongress ernsthaft vorschlagen würde, die Menschheit zu Würstchen zu machen[67], habe ich keinen Zweifel, dass die meisten Mitglieder über meinen Vorschlag lächeln würden, und wenn jemand glaubte, dass ich es ernst meine, würden sie denken, dass ich etwas viel Schlimmeres vorschlüge, als der Kongress je getan hat.

[20] Aber wenn einer von ihnen mir sagen würde, dass es viel schlimmer wäre, einen Mann zu einem Würstchen zu machen? - schlimmer wäre? - als ihn zu einem Sklaven zu machen? - als es war, das Fugitive Slave Law zu erlassen, werde ich ihn der

lich ich sage euch: Was ihr getan habt einem unter diesen meinen geringsten Brüdern, das habt ihr mir getan." (bibeltext.com 2020).

[67] Jonathan Swift machte einst (1729) den Vorschlag, die Engländer sollten irische Kinder essen um damit die Armut in Irland zu bekämpfen:
"*Ein sehr kundiger Amerikaner, den ich in London kenne, hat mir versichert, dass ein junges, gesundes und gut genährtes Kind im Alter von einem Jahr eine köstliche, nahrhafte und gesunde Speise ist, ob gedünstet, gebraten, gebacken oder gekocht; und ich zweifle nicht daran, dass es auch in einem Frikassee oder einem Ragout serviert werden kann.*" (Swift 1729)

Dummheit beschuldigen, der intellektuellen Unfä-
higkeit, [und ich werde ihn beschuldigen genau da]
einen Unterschied zu machen, wo es keinen Unterschied gibt[68]. Der eine ist ein ebenso vernünftiger
Vorschlag wie der andere.

[21] Ich höre viel davon, dieses Gesetz mit Füßen
zu treten. Dazu braucht man sich doch nicht zu
bemühen. Dieses Gesetz erhebt sich nicht auf die
Ebene des Kopfes oder der Vernunft[69]; sein natürli-
cher Lebensraum ist im Schmutz. Es wurde geboren
und gezüchtet und hat sein Leben nur im Staub und
Schlamm, auf einer Ebene mit den Füßen; und wer
mit Freiheit geht und nicht mit Hindu-Gnade ver-
meidet auf jedes giftige Reptil zu treten, wird
unvermeidlich darauf treten [auf dieses Gesetz] und
es so mit Füßen treten... und Webster, seinen Schöp-
fer[70], mit ihm, [er ist] wie der Mistkäfer[71] und sein
Ball.

---

[68] Im Original: *"of making a distinction without a difference."*
"Distinction without a difference": Eine *"Unterscheidung
ohne Unterschied"* ist eine Art logischer Irrtum, bei welchem
jemand versucht, eine Unterscheidung zwischen zwei Dingen
zu beschreiben, bei denen kein erkennbarer Unterschied
besteht.

[69] Im Original: "reason", enthält auch "*Begründung*" oder
"*Begründbarkeit*"

[70] Laut Cramer (Thoreau und Cramer 2013) bezichtigt Thoreau
Daniel Webster hier zu Unrecht, doch ist seine Abneigung
gegen ihn so groß, dass dass er dabei die Tatsachen etwas
verändert (siehe auch "*Über die Pflicht zum Ungehorsam ...*"
Absatz 44)

[71] Im Original "*dirt-bug*", wahrscheinlich eine Slang-Bezeich-
nung für den Mistkäfer (*"dung beetle"*), denn er ist der Käfer
mit dem Ball.

[Richter und Gerechtigkeit]

[22] Die jüngsten Ereignisse werden als Kritik an der Ausübung des Rechts[72] in unserer Mitte wertvoll sein, oder, besser gesagt, um zu zeigen, was die wahren Ressourcen der Gerechtigkeit in jeder Gemeinschaft sind. Es ist so weit gekommen, dass die Freunde der Freiheit, die Freunde des Sklaven, erschaudert sind, als sie begriffen haben, dass sein Schicksal den Gerichten[73] des Landes zur Entscheidung überlassen wurde. Freie Menschen haben kein Vertrauen, dass in einem solchen Fall Recht gesprochen wird. Der Richter mag so oder so entscheiden; es ist bestenfalls eine Art Zufall. Es ist offensichtlich, dass er keine kompetente Autorität in einem so wichtigen Fall ist. Es ist also nicht an der Zeit, nach seinen Präzedenzfällen zu urteilen, sondern einen Präzedenzfall für die Zukunft zu schaffen. Ich würde viel lieber auf die Meinung des Volkes vertrauen. In ihrer Entscheidung[74] würde man zumindest etwas von einigem Wert bekommen, wenn auch wenig; aber in dem anderen Fall [bekommen wir] nur das bindende Urteil eines einzelnen, von keiner Bedeutung, wie es auch immer ausfallen mag.

---

[72] Im Original: "*administration of justice*" bedeutet auch *Rechtssprechung*, aber ich vermute, Thoreau meint es im übergreifenderen Sinne, deshalb diese etwas andere Formulierung

[73] Im Original: "*the legal tribunals*": wörtlich: *"Die legalen Gerichte"*, oder *"die staatlichen Strafgerichte"* (im Gegensatz zu nichtstaalichen).

[74] Im Original: "*vote*" = Wahlentscheidung

[23] Es ist in gewisser Weise fatal für die Gerichte, wenn das Volk gezwungen ist, hinter sie zu treten[75] [und sich ihnen zu unterwerfen]. Ich möchte nicht glauben, dass die Gerichte für Schönwetter und nur für sehr zivile Fälle[76] gemacht wurden; aber denken Sie daran, es irgendeinem Gericht im Lande zu überlassen, zu entscheiden, ob mehr als drei Millionen Menschen, in diesem Fall der sechste Teil einer Nation, ein Recht haben, freie Menschen zu sein oder nicht! Aber man hat es den so genannten Gerichten überlassen? - dem Obersten Gerichtshof des Landes? - und der hat, wie Sie alle wissen, unter Anerkennung keiner anderen Autorität als der Verfassung, entschieden, dass die drei Millionen [Menschen unseres Landes] Sklaven sind und bleiben sollen. Solche Richter wie diese sind nichts anderes, als die Begutachter eines Dietrichs und von Werkzeugen eines Mörders[77], um ihm zu sagen, ob sie

---

[75] Im Original: "*to go behind*" ist "*nach hinten gehen*", "*hinterherlaufen*" aber auch "*hintergehen*". Ein Gericht kann man aber nicht hintergehen. Man kann seine Entscheidung ignorieren oder bekämpfen, doch irgendeine Form von Widerstand wird im weiteren Verlauf nicht erwähnt. Thoreau beschreibt Menschen häufig als sehr folgsam. Im Teilsatz zuvor heißt es, die Menschen werden gezwungen ("*compelled*") und deshalb habe ich mich für erstere Möglichkeit entschieden: Sie müssen das Gesetz vorlassen und selbst zurücktreten.

[76] "*civil*" hat auch die Bedeutung *anständig, höflich, zivilisiert* - also etwa dem "*Schönwetter*" im ersten Teilsatz entsprechend.

[77] Im Original: "*are merely the inspectors of a pick-lock and murderer's tools*". "*merely*" bedeutet eigentlich *bloß, lediglich*, doch das ließ sich nicht so flüssig lesen. Wahrscheinlich meint er hier, das Vorgehen der Sklavenhal-

funktionstüchtig sind oder nicht, und sie denken, dass da ihre Verantwortung endet. Es stand ein früherer Fall auf der Tagesordnung, den sie als von Gott eingesetzte Richter nicht übergehen durften und der, wenn er gerecht entschieden worden wäre, ihnen diese Demütigung erspart hätte. Es war der Fall des Mörders selbst[78].

[24] Das Gesetz wird die Menschen niemals frei machen; es sind die Menschen, die das Gesetz frei machen müssen. Sie sind die Liebhaber von Recht und Ordnung, die das Gesetz einhalten, wenn die Regierung es bricht.

[25] Unter den [wahren] Menschen ist [nicht derjenige] der [wahre] Richter, dessen Worte das Schicksal eines Menschen bis weit in die Ewigkeit hinein besiegeln, nicht derjenige [ist der eigentliche Richter], der nur das Urteil des Gesetzes ausspricht, sondern derjenige [ist der wahre Richter], der, wer immer er auch sein mag, aus Liebe zur Wahrheit und unvoreingenommen von irgendeiner Sitte oder Verordnung der Menschen, eine echte Meinung oder Urteil ihn betreffend ausspricht. Er ist es, der ihn [wirklich] verurteilt.[79]

---

ter, die ihre Sklaven töten, wenn sie ihnen nicht gehorchen und der Dietrich könnte für die Möglichkeit, die Ketten der Sklaven aufzuschließen stehen.

[78] Der Fall, ob Sklaverei erlaubt sein dürfe, oder nicht.

[79] Dieser Abschnitt ist etwas seltsam. Hätte Thoreau geschrieben, dass nur derjenige der Richter *"sein* sollte, *der ..."*, wäre alles leichter verständlich.

[26] Wer die Wahrheit erkennen kann, hat seine Berufung[80] aus einer höheren Quelle erhalten als der oberste Richter der Welt, der nur das [niederge-schriebene] Recht erkennen kann. Er[, der die Wahrheit erkennen kann,] findet sich als [zum] Richter des Richters ernannt wieder. Seltsam, dass es notwendig ist, solch einfache Wahrheiten auszu-sprechen!

[Stadt und Land]

[27] Ich bin mehr und mehr davon überzeugt, dass es in Bezug auf jede öffentliche Frage wichtiger ist zu wissen, was die ländliche Bevölkerung[81] darüber denkt, als was die Stadt denkt. Die Stadt denkt nicht viel. In jeder moralischen Frage würde ich lieber die Meinung von Boxboro'[82] haben als die von Boston und New York zusammengenommen. Wenn ersteres

---

[80] Thoreau verwendet hier "*commission*", weil auch ein Richter ein "*comissioner*" ist. Ein "*commissioner*" ist allgemein ein Beauftragter des Staates, häufig ein Richter oder Gesetzes-hüter. Da auch Richter *berufen* werden, habe ich mich für diese Übersetzung entschieden.

[81] Im Original: "*country*". Da es im Deutschen zu Missverständ-nissen kommen kann, wenn man "*country*" mit "*Land*" über-setzt (siehe Fußnote 84 und 86), habe ich das Wort "*country*" umschrieben.

[82] Eine kleine Stadt nordwestlich von Concord. Am 10. Novem-ber 1859 schrieb Henry David Thoreau in sein Tagebuch *(Thoreau 2013)*: *"Wie viele haben jemals von den Boxboro-Eichenwäldern gehört? Wie viele haben sie jemals erkundet? Ich lebe schon so lange in dieser Gegend und habe gerade erst von diesem edlen Wald gehört, - wahrscheinlich der schönste Eichenwald, den es in Neuengland gibt, nur acht Meilen westlich von mir."*

spricht, ist es mir, als ob jemand gesprochen hätte, als ob die Menschlichkeit noch da wäre und ein vernünftiges Wesen seine Rechte geltend gemacht hätte ... als ob einige unvoreingenommene Menschen in den Hügeln des Landes endlich ihre Aufmerksamkeit auf das Thema gerichtet und durch ein paar vernünftige Worte den Ruf der Rasse [Mensch][83] wiederhergestellt hätten. Wenn in irgendeiner obskuren Stadt auf dem Lande die Farmer zu einer besonderen Stadtversammlung zusammenkommen, um ihre Meinung zu einem Thema zu äußern, welches das Land[84][, die Vereinigten Staaten,] quält , dann ist das, denke ich, der wahre Kongress und der respektabelste, der jemals in den Vereinigten Staaten versammelt wurde.

[28] Es ist offensichtlich, dass es, zumindest in diesem Staatenbund[85], zwei Parteien gibt, die sich immer mehr unterscheiden - die Partei der Stadt und die Partei des Ländlichen[86]. Ich weiß, dass die Menschen auf dem Land ausreichend durchschnittlich

---

83 Ich glaube nicht, dass er mit "*Rasse*" ("*race*") die "*weiße*" Rasse meint, sonder die menschliche Rasse ("*human race*"), da es hier um Grundsätzliches geht und nicht um Rassismus.

84 Thoreau verwendet für den "*Stadt-Land-Gegensatz*" die Worte "*city*" und "*country*". Englisch "*land*" meint die Vereinigten Staaten.

85 Im Original: "commonwealth", was auch *Staat* oder *Bürgerreich* heißen kann.

86 Um im Deutschen "*Land"* im Sinne von "*auf dem Land*" und "*Land*" im Sinne von "*das Land Italien*" nicht zu verwechseln, habe ich es hier mit "*ländlich*" übersetzt.

sind[87], aber ich möchte glauben[88], dass es einen klei-
nen Unterschied zu ihren Gunsten gibt. Aber bis
jetzt hat sie[, die ländliche Bevölkerung,] nur
wenige, wenn überhaupt, Organe, durch die sie sich
ausdrücken kann. Die Leitartikel, die sie liest, kommen, wie die Nachrichten [und Zeitungen][89], von
[den Städten] der Küste[90]. Lasst uns, die ländlichen
Bewohner, Selbstachtung kultivieren. Lassen Sie
uns [uns selbst] nicht in die Stadt schicken, um
etwas, das wichtiger ist, als unsere Wäsche und
Lebensmittel, zu besorgen; oder, wenn wir die Meinungen der Stadt lesen, lassen Sie uns unsere eigenen Meinungen haben.

[Die Presse]

[29] Unter den Maßnahmen, die zu ergreifen sind,
würde ich vorschlagen, einen ebenso ernsthaften
und energischen Angriff auf die Presse zu unternehmen, wie er bereits auf die Kirche gemacht worden
ist, und zwar mit Erfolg. Die Kirche hat sich innerhalb weniger Jahre stark verbessert; aber die Presse
ist fast ausnahmslos korrupt. Ich glaube, dass die
Presse in diesem Land einen größeren und schädli-

---

[87] Da es im Deutschen problematisch ist, einfach "*country*" mit
"Land" zu übersetzen (siehe Fußnote 84 und 86), habe ich
den Satz etwas umschrieben. Im Original heißt er "*I know
that the country is mean enough*".

[88] Im Original: "*I am glad to believe*" = "*sehr gerne glaube ich*"
im Sinne von "*ich will glauben*".

[89] "*News*" sind *Nachrichten, Neuigkeiten*, aber auch *Zeitungen*.

[90] Die großen Städte befinden sich alle an der Küste, wie Boston oder New York.

cheren Einfluss ausübt, als es die Kirche in ihrer schlimmsten Zeit tat.[91] Wir sind kein religiöses Volk, aber wir sind eine Nation von Politikern. Wir kümmern uns nicht um die Bibel, aber wir kümmern uns um die Zeitung. Bei jeder Versammlung von Politikern - wie zum Beispiel neulich in Concord - wie unverschämt wäre es, aus der Bibel zu zitieren! wie passend wäre es, aus einer Zeitung oder aus der Verfassung zu zitieren! Die Zeitung ist eine Bibel, die wir jeden Morgen und jeden Nachmittag lesen, im Stehen und im Sitzen, beim Reiten und beim Gehen. Es ist eine Bibel, die jeder Mensch in seiner Tasche trägt, die auf jedem Tisch und jeder Theke liegt und die die Post und Tausende von Missionaren ständig verteilen. Es ist, kurz gesagt, das einzige Buch, das Amerika gedruckt hat und das Amerika liest. So groß ist sein Einfluss. Der Herausgeber ist ein Prediger, den Sie freiwillig unterstützen. Ihre Steuer beträgt üblicherweise einen Cent pro Tag, und man zahlt keine Kirchenbankmiete[92]. Aber wie viele dieser Prediger predigen die Wahrheit? Ich wiederhole die Bezeugung

---

[91] Leider ist nicht bekannt, welches Vorgehen gegen die Kirche Thoreau hier meint. Ende des 17. Jahrhunderts (1692 - 1693) gab es zahlreiche Hexenverfolgungen in Massachusetts, die sogenannten "*Salem Witch Trials*" (*Hexenprozesse von Salem*). Etwa 200 Menschen wurden dabei zu grausamen Toden verurteilt.

[92] Henry David Thoreau ärgerte sich ja schon in "*Von der Pflicht zum Ungehorsam ...*" über die Kirchensteuer, die der Staat (USA) im Auftrage der Kirche eintreibt, von jedem Menschen, der sich nicht ausdrücklich von der Kirche distanziert. Was Thoreau ja daraufhin tat.

vieler intelligenter Ausländer sowie meine eigene Überzeugung, wenn ich sage, dass wahrscheinlich kein Land jemals von einer so gemeinen Klasse von Tyrannen, wie es, mit ein paar edlen Ausnahmen, die Herausgeber der periodischen Presse in diesem Land sind, ausgeraubt wurde. Und da sie nur durch ihre Kriecherei leben und herrschen und an die schlechtere und nicht an die bessere Natur des Menschen appellieren, befinden sich die Menschen, die sie lesen, in dem Zustand des Hundes, der zu seinem Erbrochenen zurückkehrt.

[30] Der *Liberator* und der *Commonwealth* waren, soweit ich weiß, die einzigen Zeitungen in Boston, die sich Gehör verschafften, indem sie die Feigheit und Gemeinheit der Obrigkeit dieser Stadt, wie sie im Jahre '51 zur Schau gestellt wurde, anprangerten. Die anderen Zeitungen, nahezu ohne Ausnahme, beleidigten, in der Art und Weise, wie sie sich auf das Gesetz für flüchtige Sklaven beriefen und darüber schrieben, und [wie sie über] die Rückführung des Sklaven Sims [schrieben], fast ausnahmslos den gesunden Menschenverstand des Landes[93]. Und, man könnte sagen, zum größten Teil taten sie dies, weil sie glaubten, sich so die Zustimmung ihrer Gönner zu sichern, nicht wissend, dass im Herzen des Staates[94] in irgendeinem Ausmaß eine ver-

---

[93] Hier verwendet Thoreau "*country*" und meint somit den gesunden Menschenverstand der Menschen auf dem Land.

[94] Im Original: "*commonwealth*" , was auch *Staatenbund* oder *Bürgerreich* heißen kann. Thoreau verwendet "*commonwealth*" häufig als Bezeichnung für Massachusetts, und ich denke, hier ist es in diesem Sinne auch gemeint.

nünftigere Meinung vorherrschte. Mir wurde gesagt, dass sich einige von ihnen in letzter Zeit verbessert haben; aber sie sind immer noch in hohem Maße opportunistisch. Das ist der Charakter, den sie erworben haben.

[31] Aber, dem Glück sei Dank, kann dieser Prediger noch leichter mit den Waffen des Reformators[95] erreicht werden, als der abtrünnige Priester. Die freien Menschen Neuenglands brauchen nur davon abzusehen, diese Blätter zu kaufen und zu lesen, brauchen nur ihre Cents zurückzuhalten, um eine Menge von ihnen auf einmal zu töten. Einer, den ich respektiere, erzählte mir, er habe Mitchells [Zeitung] *Citizen* im Zug[96] gekauft und dann aus dem Fenster geworfen. Aber hätte er seine Verachtung nicht tödlicher ausgedrückt, wenn er sie nicht gekauft hätte?

[32] Sind das Amerikaner? Sind das Neuengländer? Sind das Bewohner von Lexington und Concord und Framingham, die [Zeitungen, wie] die *Boston Post*, die *Mail*, das *Journal*, den *Advertiser*, den *Courier* oder die *Times* lesen und unterstützen? Sind

---

[95] Es könnte sein, dass Henry D. Thoreau hier den Ablasshandel anspricht. Die katholische Kirche verkaufte vor der Reformation viele Ablassbriefe, mit denen die "*Sünder*" sich von ihren Sünden freikaufen konnten. Dies war einer der wichtigsten Kritikpunkte Martin Luthers (des Reformators) an der katholischen Kirche, so dass sie bald mit diesem Handel keine guten Geschäfte mehr machen konnte.

[96] Im Original: *"in the cars"*. "C*ars*" sind auch "*Wägen*". Ich nehme einmal an, dass er Eisenbahnwägen meint, da er den Plural verwendet. Es gibt nicht viele Verkehrsmittel, die Wägen (mehrere) haben.

das die Flaggen unserer Union?[97] Ich bin kein Zeitungsleser, und unterlasse es[98], die schlimmsten zu nennen.

[33] Könnte die Sklaverei eine vollständigere Unterwürfigkeit nahelegen, als sie einige dieser Zeitschriften an den Tag legen? Gibt es irgendeinen Staub, den ihr Verhalten nicht leckt, und den sie [nicht] noch fauliger machen mit ihrem Schleim? Ich weiß nicht, ob es den Boston Herald noch gibt, aber ich erinnere mich, ihn auf der Straße gesehen zu haben, als Sims verschleppt wurde. Hat er[, der Boston Herald,] seine Rolle nicht gut gespielt, seinem Herrn treu gedient? Wie hätte er sich noch tiefer hinabbeugen können? Wie kann ein Mensch sich niedriger bücken, als er ist? - mehr tun, als seine Extremitäten an die Stelle seines Kopfes zu setzen? - als seinen Kopf zu seiner unteren Extremität zu machen?[99] Als ich diese Zeitung mit hochgeschlage-

---

[97] Thoreau unterstellt den Zeitungen häufig, die eigentliche Regierung zu sein und die Regierenden zu steuern, wie in *"Leben ohne Prinzipien"* in Absatz 47, und dass sich die Amerikaner mit den Inhalten der Zeitungen identifizieren - wie mit der amerikanischen Flagge.
Cramer (Thoreau und Cramer 2013) vermutet hier eine Anspielung auf eine Bostoner Zeitung mit dem Namen *"Flag Of Our Union"*.

[98] Eigentlich *"and may omit"*, doch hört es sich im Deutschen seltsam an, wenn man das *"may"* (= *darf*) mit übersetzt, da dadurch eine falsche Assoziation oder ein falscher Bezug hergestellt werden könnte.

[99] Wenn ein Mensch seinen Kopf beugt, dann verwendet er ihn, wie ein Knie: Ein Kniefall, eine Unterwerfung. Außerdem ist bei einer tiefen Verbeugung der Kopf mit den Füßen auf der gleichen Höhe - und das höchste ist sein Hintern.

nen Hemdsärmeln[100] in die Hand nahm, hörte ich das Gluckern der Kanalisation durch jede Spalte. Ich hatte das Gefühl, ein Blatt aus der öffentlichen Gosse in der Hand zu haben, ein Blatt aus dem Evangelium der Spielhölle, der Säuferkneipe[101] oder des Bordells, das mit dem Evangelium des *Merchants' Exchange*[102] harmoniert.

[Zuerst Mensch sein]

[34] Die Mehrheit der Menschen des Nordens, des Südens, des Ostens und des Westens sind keine Menschen mit Prinzipien. Wenn sie wählen, so wählen[103] sie keine Männer in den Kongress, die sich für die Menschlichkeit einsetzen; aber während

---

[100] Im Original: "*with my cuffs turned up*": Es kann auch sein, dass er Stulpen über den Hemdsärmeln trug, beim Lesen. Dies war früher durchaus üblich, um das Hemd nicht zu beschmutzen (Druckerschwärze).

[101] Im Original: "*Groggery*". Eine *Groggery* ist ein Laden, oder auch eine Kneipe, der Grog, also Alkohol, verkauft und/oder ausschenkt. Zu Thoreaus Zeiten trafen sich Menschen dort zum gemeinsamen Besäufnis.

[102] Das *Merchants' Exchange* ist ein Gebäude in Boston. Das Gebäude diente als Handels- und Finanzzentrum. So befand sich darin unter anderem ein Seeversicherungsunternehmen, das *Board of Trade* und die *Boston Stock Exchange* (Aktienhandel). "*Das Merchants' Exchange diente als einer von Bostons 'großen Versammlungspunkten der Händler - eine mit Marmor gepflasterte und mit Fresken bemalte Halle ... mit Zeitungsordnern, Bulletins, Windfahnen und Schiffsregistern.*'" (Wikipedia 2017)

[103] Eigentlich "*send*" (*schicken*), doch im Deutschen sagen wir in diesem Zusammenhang "*wählen*", was sich zudem besser anhört.

ihre Brüder und Schwestern ausgepeitscht und gehängt werden, weil sie die Freiheit lieben, während... - ich könnte hier alles anführen[104], was Sklaverei bedeutet und ist... - ist es das schlechte Management von Holz und Eisen und Stein und Gold, das sie beschäftigt. Tu, was du willst, oh Regierung, mit meiner Frau und meinen Kindern, meiner Mutter und meinem Bruder, meinem Vater und meiner Schwester, ich werde deinen Befehlen aufs Wort gehorchen.[105] Es wird mich in der Tat betrüben, wenn du ihnen weh tust, wenn du sie den Aufsehern übergibst, um sie zu jagen oder zu Tode zu peitschen; aber dennoch werde ich friedlich meinem auserwählten Beruf auf dieser schönen Erde nachgehen, bis ich dich vielleicht eines Tages, wenn

---

[104] Im Original: "*insert*" (*einfügen*), was sich aber im Deutschen seltsam anhört

[105] Laut Cramer (Thoreau und Cramer 2013) bezieht sich Thoreau hier auf eine Rede des unitarischen Pfarrers Orville Dewey: "*Ich würde zustimmen, dass mein eigener Bruder, mein eigener Sohn, in die Sklaverei geht - zehnmal lieber würde ich selbst in die Sklaverei gehen - als dass diese Union für mich oder für uns geopfert wird.*"
Doch Pfarrer Dewey stützt sich dabei auf die Bibel. Dort heißt es in Lukas 14:26:
"*So jemand zu mir kommt und hasst nicht seinen Vater, Mutter, Weib, Kinder, Brüder, Schwestern, auch dazu sein eigen Leben, der kann nicht mein Jünger sein.*" (bibeltext.com 2020)
Und in Matthäus 10:37 heißt es: "*Wer Vater oder Mutter mehr liebt denn mich, der ist mein nicht wert; und wer Sohn oder Tochter mehr liebt denn mich, der ist mein nicht wert.*" (ebd.)

ich Trauer um ihre Toten getragen habe, zum Ein-
lenken überredet habe[106]. So ist die Haltung, so sind
die Worte von Massachusetts.

[35] Anstatt dies zu tun, brauche ich nicht zu sagen,
welches Streichholz ich anfassen würde, welches
System ich zu sprengen versuchen würde[107]; aber da
ich mein Leben liebe, würde ich mich auf die Seite
des Lichts stellen und die dunkle Erde unter mir
wegrollen lassen[108] und meine Mutter und meinen
Bruder rufen, mir zu folgen.

[36] Ich würde meine Landsleute daran erinnern,
dass sie zuerst Menschen sein sollen und erst zu
späterer und passenderer Stunde Amerikaner. Es ist
egal, wie wertvoll das Gesetz auch [immer] sein

---

[106] Hier könnte Thoreau sich auf das alte Testament beziehen (ab
1. Mose 12:1): Abraham musste sein Elternhaus verlassen
und durfte erst wieder zurückkehren, nachdem sein Vater
gestorben war.

[107] In sein Tagebuch schrieb Henry David Thoreau am 29. Mai
1854:
*"Anstatt also zuzustimmen, die Hölle auf Erden zu errichten -
an dieser Einrichtung beteiligt zu sein - würde ich ein
Streichholz anfassen, um Erde und Hölle gemeinsam zu
sprengen."* (Thoreau 2011, 264)

[108] Wenn Thoreau immer auf der Seite des Lichts steht, steht er
immer da, wo es gerade Tag ist auf der Erde. Also bleibt er
quasi stehen und lässt die Erde unter sich sich weiterbewe-
gen.
Der Ausdruck erinnert etwas an Johannes 8:12:
*"Da redete Jesus abermals zu ihnen und sprach: Ich bin das
Licht der Welt; wer mir nachfolgt, der wird nicht wandeln in
der Finsternis, sondern wird das Licht des Lebens haben."*
(bibeltext.com 2020)

51

mag, um das Eigentum zu schützen, sogar um Seele und Körper zusammenzuhalten, wenn es dich[109] und die Menschlichkeit nicht zusammenhält.

[Richter und Politiker]

[37] Es tut mir leid, sagen zu müssen, dass ich bezweifle, dass es in Massachusetts einen Richter gibt, der bereit ist, sein Amt niederzulegen und unschuldig seinen Lebensunterhalt zu verdienen, wenn von ihm verlangt wird, ein Urteil nach einem Gesetz zu fällen, das lediglich im Widerspruch zum Gesetz Gottes steht[110]. Ich bin gezwungen zu sehen, dass sie sich selbst, oder besser gesagt, [dass sie] von ihrer Persönlichkeit her, [sich selbst] in dieser Hinsicht auf eine Stufe mit dem Marinesoldaten stellen, der seine Muskete in jede Richtung entlädt, die ihm befohlen wird. Sie sind genauso sehr Werkzeug und genauso wenig Mensch [wie der Marine-

---

[109] Das englische *"you"* könnte *"du"*, *"Sie"* aber auch *"euch"* bedeuten.

[110] Es mag sein, dass Thoreau *"Gesetz Gottes"* sehr allgemein versteht. Doch sei hier angemerkt, dass das wichtigste *"Gesetz Gottes"*, also das wichtigste der Zehn Gebote, laut Jesus lautet *"Du sollst deinen Nächsten lieben wie dich selbst. Es ist kein anderes Gebot größer denn diese. Liebe deinen Nächsten wie dich selbst"*. (Markus 12:31) (bibeltext.com 2020)

soldat][111]. Sicherlich, man kann sie nicht länger respektieren[112], weil ihr Gebieter[113] ihr Denken[114] und ihr Gewissen versklavt (statt ihre Körper)[115].

[38] Die Richter und Anwälte... - einfach [nur] als solche [und nicht als Menschen], meine ich... und alle Männer der Zweckdienlichkeit, verhandeln diesen Fall nach einem sehr niedrigen und inkompetenten Maßstab. Sie überlegen nicht, ob das Gesetz richtig ist, sondern ob es verfassungsgemäß ist. Ist Tugend verfassungsgemäß, oder Laster? Ist Gerechtigkeit verfassungsgemäß oder Ungerechtigkeit? In wichtigen moralischen und lebenswichtigen Fragen

---

[111] Schon in "Von der Pflicht zum Ungehorsam ..." schreibt Henry David Thoreau (Absatz 4):
"Besuchen Sie die Marinewerft, und sehen Sie sich einen Soldaten an, einen Mann, wie ihn eine amerikanische Regierung machen kann, wie sie ihn mit ihren schwarzen Künsten machen kann – ein bloßer Schatten und eine Erinnerung an die Menschlichkeit, ein Mann, der lebendig und stehend aufgebahrt ist und bereits, wie man sagen kann, unter Waffen begraben ist"

[112] Wörtlich *"they are not the more to be respected"* = *"sie sind nicht mehr zu respektieren"*

[113] Hier verwendet Thoreau *"master"*, das selbe Wort, das man auch für den Besitzer eines Sklaven verwendet.

[114] Eigentlich *"understandings"*, also die Art und Weise, wie sie etwas verstehen.

[115] Die Klammern habe ich gesetzt um Missverständnisse zu vermeiden. Ursprünglich ist hier nur ein Komma. Dieses *"statt ihre Körper"* ist ein nachgeschobener Gedanke Thoreaus und hat mit dem eigentlichen Satz nichts zu tun. Schon in *"Von der Pflicht zum Ungehorsam"* (Absatz 24 bis 36) schreibt Thoreau, dass der Staat nur den Körper fassen (und bestrafen) kann, niemals aber das Denken. Sein Denken zu unterwerfen ist also etwas, das man selbst tut.

wie dieser, ist es ebenso unverschämt zu fragen, ob
ein Gesetz verfassungsgemäß ist oder nicht, wie zu
fragen, ob es profitabel ist oder nicht. Sie beharren
darauf, die Diener der schlimmsten Menschen, und
nicht die Diener der Menschheit zu sein. Die Frage
ist nicht, ob Sie[116] oder ihr Großvater vor siebzig
Jahren einen Vertrag [mit den Südstaaten] eingegan-
gen sind, um dem Teufel zu dienen, und ob diese
Dienstleistung jetzt folglich fällig ist; sondern ob
Sie nicht jetzt, ein einziges Mal und endlich, Gott
dienen wollen? - trotz Ihrer eigenen vergangenen
schmählichen Feigheit oder der Ihres Vorfahren -,
indem Sie jener ewigen und einzig gerechten VER-

---

[116] Hier verwendet Thoreau "*you*", dies kann "*du*", "*Sie*" oder
"*ihr*" heißen, da englische Verben keinen Plural kennen.
Allerdings hat er "*Großvater*" in der Einzahl geschrieben,
weshalb ich annehme, dass er hier seine Zuhörer oder Leser
in der Einzahl anspricht.

FASSUNG gehorchen, die Er [-] und nicht irgendein Jefferson[117] oder Adams[118] [-] in ihr Wesen[119]
geschrieben hat.

[39] Wenn die Mehrheit den Teufel zum Gott wählt,
wird die Minderheit dementsprechend leben und
sich verhalten... und dem erfolgreichen Kandidaten
gehorchen, im Vertrauen darauf, dass sie[, die
Mehrheit,] irgendwann, vielleicht durch die Stimme
eines Sprechers, Gott wieder einsetzen wird. Das ist
das höchste Prinzip, das ich für meine Nachbarn
herausholen oder erfinden kann. Diese Menschen
handeln, als ob sie glaubten, sie könnten einen
Hügel ein Stück hinuntergleiten... oder ein gutes
Stück... und würden sicher nach und nach an einen
Ort kommen, wo sie wieder hinaufgleiten könnten.
Das ist Zweckdienlichkeit, oder die Wahl des
Weges, der den Füßen die geringsten Hindernisse

---

[117] Thomas Jefferson gilt als der Hauptautor der Unabhängigkeitserklärung der USA. Er war Kongressabgeordneter aus
Virginia. Als Gesetzgeber in Virginia entwarf er ein staatli-
ches Gesetz für Religionsfreiheit. Thomas Jefferson gilt auch
(zusammen mit James Madison) als der Gründervater der
Demokratisch-Republikanischen Partei, auf die sich heute
noch die amerikanischen Demokraten berufen.

[118] John Adams war einst Delegierter aus Massachusetts für den
Kongress und einer der wichtigsten Autoren der Unabhängig-
keitserklärung im Jahr 1776. Als Diplomat half er bei der
Aushandlung des Friedensvertrags mit Großbritannien.
Adams war auch der Hauptautor der Verfassung von Massa-
chusetts im Jahr 1780, die die Verfassung der Vereinigten
Staaten ebenso stark beeinflusste, wie seine frühere Schrift
"Thoughts on Government" (*Gedanken über eine Regierung*).

[119] Im Original: "*being*", also auch "*Sein*", aber *Wesen* passt besser.

bietet, also bergab. Aber man kann so etwas wie eine gerechte Reform nicht durch den Gebrauch von "Zweckdienlichkeit" erreichen. Es gibt kein "bergauf gleiten". In der Moral sind die einzigen Gleiter die Rückwärtsgleiter[, die Abtrünnigen][120].

[40] So beten wir unaufhörlich den Mammon an[121], sowohl in der Schule als auch im Staat und in der Kirche, und verfluchen am siebenten Tage Gott mit einem Tintamarre[122] von einem Ende der Union zum andern.

[41] Wird die Menschheit nie lernen, dass Politik nicht Moral ist? - dass sie niemals irgendein moralisches Recht sichert, sondern nur das bedenkt, was zweckdienlich ist? - [und nur] den verfügbaren Kandidaten wählt [und nicht den fähigsten]?[123] - der

---

[120] Thoreau setzt dem "*slider*" den "*backslider*" entgegen. Ein *backslider* ist ein *Rückfälliger* oder ein *Abtrünniger*.

[121] In Matthäus 6:24 heißt es: "*Niemand kann zwei Herren dienen: entweder er wird den einen hassen und den andern lieben, oder er wird dem einen anhängen und den andern verachten. Ihr könnt nicht Gott dienen und dem Mammon.*" (bibeltext.com 2020)

[122] Ein *Tintamarre* ist eine Tradition der französischen Einwanderer (der Akadier), bei der man durch die eigene Gemeinde marschiert und mit improvisierten Instrumenten und anderen Krachmachern Lärm erzeugt, meist zur Feier des *National Acadian Day*. Auch Thoreaus Vorfahren waren Franzosen. Viele Akadier lebten in Massachusetts oder in Kanada.

[123] In *"Von der Pflicht zum Ungehorsam ..."* (Absatz 13) spricht Thoreau dieses Problem ebenfalls an:
"Ich höre von einer Versammlung [...] um einen Kandidaten für die Präsidentschaftswahl auszuwählen; [...] der so genannte ehrbare Mensch [...] akzeptiert sofort den einen ausgewählten Kandidaten als den einzig verfügbaren und

immer der Teufel ist?[124] - und welches Recht haben seine Wähler, sich zu wundern, weil der Teufel sich nicht wie ein Engel des Lichts verhält? Was man braucht, sind Menschen, nicht der Politik, sondern der Redlichkeit, die ein höheres Gesetz als die Verfassung oder die Entscheidung der Mehrheit anerkennen.

[42] Das Schicksal des Landes hängt nicht davon ab, wie Sie an der Wahlurne abstimmen? - der schlechteste Mann ist so stark wie der beste in diesem Spiel; es hängt nicht davon ab, welche Art von Papier Sie einmal im Jahr in die Wahlurne fallen lassen, sondern davon, [als] welche Art von Mensch Sie [sich] jeden Morgen aus Ihrer Kammer auf die Straße fallen lassen[125].

[Verantwortung und Gerechtigkeit]

[43] Was Massachusetts beunruhigen sollte, ist nicht das Nebraska-Gesetz oder das Gesetz über flüchtige Sklaven, sondern ihre eigene Sklavenhaltung und Unterwürfigkeit. Lasst den Staat seinen

---

beweist damit, dass er selbst für alle Zwecke eines Demagogen verfügbar ist".

[124] Weiter oben, Absatz 38 und 39, wird bereits der Teufel erwähnt: Es ist ein Mann aus den Südstaaten (ein Sklavenhalter) oder derjenige, der Kompromisse mit den Südstaaten eingeht und die Sklaverei nicht verbietet.

[125] Thoreau verwendet zweimal "*drop into*". Ich wollte dieses Wortspiel übernehmen, deshalb diese seltsame Wortwahl *("fallen lassen")*. Nicht meine Stimme ist wichtig, die ich einmal im Jahr abgebe, sondern meine tägliche Haltung als Mensch, möchte Thoreau hier sagen.

Bund mit dem Sklavenhalter auflösen. Er[, der Staat,] mag zappeln und zögern und um Erlaubnis bitten, die Verfassung noch einmal zu lesen; aber er kann kein respektables Gesetz oder einen Präzedenzfall finden, der das Fortbestehen einer solchen Union auch nur für einen Augenblick rechtfertigt.

[44] Lasst jeden Einwohner des Staates seine Verbindung mit ihm[, dem Staat,] lösen, solange er zögert, seine Pflicht zu tun.

[45] Die Ereignisse des letzten Monats lehren mich, Ruhm zu misstrauen. Ich sehe, dass er [,der Ruhm,] nicht auf feine Art unterscheidet, sondern derb jubelt[126]. Er bedenkt nicht das einfache Heldentum einer Handlung, sondern nur, wie sie[, die Handlung,] mit ihren offensichtlichen Folgen verbunden ist. Er lobt die leichte Heldentat der *Boston Tea Party*[127] bis er heiser ist, aber er[, der Ruhm] wird vergleichsweise schweigen über den mutigeren und

---

[126] Im Original: "*hurrahs*", was auch im Deutschen "*Hurras*" (Jubelrufe) heißt, oder umschrieben "*Zustimmungen*".

[127] Bei der so genannten *Boston Tea Party* in Boston, Massachusetts, am 16. Dezember 1773, wurden Tee-Kisten der *East India Company* (einem staatlichen britischen Unternehmen) im Bostoner Hafen ins Meer geworfen aus Protest gegen ungerechte Steuern und Zwangsmaßnahmen des englischen Königs. Als daraufhin die englische Regierung mit härteren Maßnahmen reagierte, bewaffneten sich die Amerikaner und es kam schließlich zum Bürgerkrieg. Die *Boston Tea Party* wurde somit zu einem bedeutenden Ereignis in der Geschichte der amerikanischen Unabhängigkeit und zu einem Symbol des Widerstands.

uneigennützigeren heroischen Angriff auf das Bostoner Gerichtsgebäude, einfach weil er[, der heroische Angriff,] erfolglos war!

[46] Mit Schande bedeckt, hat sich der Staat kühl hingesetzt, um die Menschen für ihr Leben und ihre Freiheit vor Gericht zu stellen, die versucht haben, ihre Pflicht für ihn zu tun. Und das nennt man Gerechtigkeit! Diejenigen, die gezeigt haben, dass sie sich besonders gut benehmen können, werden vielleicht für ihr gutes Benehmen unter Kaution frei gelassen[128]. Diejenigen, von denen die Wahrheit derzeit verlangt, dass sie sich schuldig bekennen, sind, von allen Einwohnern des Staates [diejenigen], [die] herausragend unschuldig [sind]. Während der Gouverneur, der Bürgermeister und zahllose Beamte des Staates auf freiem Fuß sind, sind die Verfechter der Freiheit inhaftiert.

[47] Nur sie sind schuldlos, die das Verbrechen der Missachtung eines solchen Gerichts begehen. Es liegt an jedem Menschen, dafür zu sorgen, dass sein Einfluss auf der Seite der Gerechtigkeit steht, und [dass er] die Gerichte ihre eigenen Wertmaßstäbe bilden lässt[129]. Meine Sympathien in diesem Fall sind ganz mit den Angeklagten, und ganz gegen ihre Ankläger und Richter. Gerechtigkeit ist lieblich und

---

[128] Im Original: "*be put under bonds for their good behavior*." Eigentlich steht hier "*werden unter Kaution gestellt*", aber das ist nicht deutsch.

[129] Eigentlich "*and let the courts make their own characters*", was etwa wörtlich bedeutet, die Gerichte ihr eigenes "*Wesen*", ihren eigenen "*Charakter*", machen lassen. Oder auf Deutsch: Lasst sie ihr Ding machen, wir machen unseres!

musikalisch; aber Ungerechtigkeit ist streng und dissharmonisch. Der Richter sitzt immer noch kurbelnd[130] an seiner Orgel[131], aber sie bringt keine Musik hervor, und wir hören nur den Klang der Kurbel. Er glaubt, dass die ganze Musik in der Kurbel liegt, und die Menge wirft ihm ihre Münzen zu, wie zuvor.

[48] Nehmen Sie an, dass dieses Massachusetts, das jetzt diese Dinge tut, das zögert, diese Männer, einige dieser Anwälte und sogar Richter, die vielleicht dazu getrieben werden, sich in irgendeine armselige Spitzfindigkeit zu flüchten, damit sie ihren instinktiven Gerechtigkeitssinn nicht völlig verletzen, nehmen Sie an, dass es[, dieses Massachusetts,] etwas anderes ist als niederträchtig und unterwürfig, dass es der Verfechter der Freiheit ist?

[49] Zeigen Sie mir einen freien Staat, und ein wahrhaft gerechtes Gericht, und ich werde für sie kämpfen, wenn nötig; aber zeigen Sie mir Massachusetts, und ich verweigere ihm[, Massachusetts,] meine Loyalität, und drücke meine Verachtung für seine Gerichte aus.

[50] Die Wirkung einer guten Regierung ist, das Leben wertvoller zu machen... einer schlechten, es weniger wertvoll zu machen.

---

130 Im Original: "*grinding*". Der "*Organ Grinder*" ist der Drehorgelspieler. Der Richter dreht also an seiner Orgel und glaubt, dass das alleinige Drehen der Kurbel bereits Musik erzeugt.

131 Im Englischen heißt Orgel "*organ*". Der Richter ist ein Rechtsorgan. "*Organ*" kann man also auch für ihn als "*rechtssprechendes Organ*" verwenden.

[Ich habe mein Land verloren]

[51] Wir können es uns leisten, dass die Eisenbahn und alle bloß materiellen Güter etwas von ihrem Wert verlieren, denn das zwingt uns nur, einfacher und sparsamer zu leben; aber nehmen wir an, dass der Wert des Lebens selbst vermindert werden sollte! Wie können wir [noch] weniger Ansprüche an Mensch und Natur stellen, wie [können wir noch] sparsamer leben in Bezug auf die Tugend und alle edlen Eigenschaften, als wir es [bereits] tun? Ich habe den letzten Monat mit dem Gefühl gelebt, einen großen und unbestimmten Verlust erlitten zu haben und ich denke, dass jeder Mensch in Massachusetts, der des Gefühls des Patriotismus fähig ist, eine ähnliche Erfahrung gemacht haben muss? Ich wusste zuerst nicht, was mich bedrückte. Endlich wurde mir klar, dass ich ein Land verloren hatte. Ich hatte die Regierung, in deren Nähe ich lebte, nie respektiert, aber ich hatte törichterweise gedacht, dass es mir gelingen könnte, hier zu leben, mich um meine privaten Angelegenheiten zu kümmern und sie[, die Regierung,] zu vergessen. Ich für meinen Teil habe den Antrieb[132], ich kann nicht sagen, wie viel davon, meinen alten und wertvollsten Bestrebungen nachzugehen, verloren und ich fühle, dass meine Investition in das Leben hier viele Prozent weniger wert ist, seit Massachusetts zuletzt absichtlich einen unschuldigen Mann, Anthony Burns, in die Sklaverei zurückgeschickt hat. Vorher lebte ich vielleicht in der Illusion, dass mein Leben nur

---

[132] Im Original: "*attraction*" = Anreiz

irgendwo zwischen Himmel und Hölle verlief, aber
jetzt kann ich mich nicht [mehr] davon überzeugen,
dass ich nicht ganz in der Hölle wohne. Die Örtlich-
keit dieser politischen Organisation namens Massachusetts ist für mich moralisch mit vulkanischen
Schlacken und Asche bedeckt, wie sie Milton in den
höllischen Regionen beschreibt.[133] Wenn es eine
Hölle gibt, die prinzipienloser ist als unsere Herrscher und wir, die Beherrschten, dann bin ich neu-
gierig, sie zu sehen. Da das Leben selbst [nun]
weniger wert ist, sind alle Dinge, die ihm dienen,
auch weniger wert. Nehmen wir an, Sie haben eine
kleine Bibliothek, mit Bildern, die die Wände
schmücken, einen Garten, der ringsherum angelegt
ist, und [Sie] erwägen wissenschaftliche und literarische Beschäftigungen usw., und entdecken auf
einmal, dass Ihre Villa mit allem Inhalt in der Hölle

---

[133] Hier bezieht er sich auf John Milton's Werk *"Paradise Lost"*.
In Buch I, Zeile 59-71 (Milton o. J.) lesen wir:
*"Auf einmal so weit wie Engel sehen, erkennt er / die düstere
Lage wüst und wild, / ein Kerker schrecklich, auf allen Seiten
rund / wie ein großer Ofen flammte, doch von diesen Flam-
men / kommt kein Licht, sondern Dunkelheit, / die nur dazu
dient, Anblicke des Elends zu entdecken, / Regionen des
Kummers, trübselige Schatten, wo Frieden / und Ruhe nie
wohnen können, Hoffnung kommt nie, / die zu allen kommt;
aber Qual ohne Ende/ bedrängt sie immer noch, und eine
feurige Sintflut, gespeist / mit immer brennendem Schwefel,
unverbraucht: / Solch einen Ort hatte die ewige Gerechtigkeit / für die Aufmüpfigen vorbereitet, und hier ihr Gefängnis
bestimmt"*

liegt und dass der Friedensrichter einen hat[134] - verlieren diese Dinge nicht plötzlich ihren Wert in
Ihren Augen?

[52] Ich habe das Gefühl, dass der Staat in gewissem Ausmaß verhängnisvoll in meine rechtmäßigen
Geschäfte eingegriffen hat. Er hat mich nicht nur
bei meinem Durchgang durch die *Court Street[*, die
Straße des Gerichts,]*[135] bei meinen geschäftlichen
Besorgungen unterbrochen, sondern er hat mich und
jeden Menschen auf seinem Weg voraus und nach
oben unterbrochen, auf dem er darauf vertraut hatte,
die *Court Street* bald hinter sich zu lassen. Welches
Recht hatte er, mich an die *Court Street* zu erinnern? Ich musste feststellen, dass dies bedeutungs-
los war, worauf ich mich als sicher und stabil[136] verlassen hatte.

[53] Ich bin überrascht, Menschen zu sehen, die
ihren Geschäften nachgehen, als ob nichts gesche-
hen wäre. Ich sage mir: "Unglückliche! Sie haben
die Nachricht nicht gehört." Ich wundere mich, dass

---

[134] Der Teufel hat einen Pferdefuß (mit Huf, vergleiche Fußnote
3) und einen gegabelten Schwanz.

[135] Die *Court Street* war die Straße, die am Gericht vorbeiführte,
in welchem Anthony Burns festgehalten und verurteilt wurde
(deshalb "*Court Street*" = "*Gerichts-Straße*"). Die Court
Street befindet sich im Finanzviertel von Boston, Massachusetts. Vor 1788 hieß sie *Prison Lane* und dann *Queen Street*.
Eine Straße hinunterzugehen bedeutet auch: Etwas tun, zu
leben, seinen Weg zu gehen. Der Staat störte also Henry
David Thoreau ganz allgemein in seinem Leben, denn eigentlich wollte er mit dem Staat ja nichts zu tun haben.

[136] Im Original nur "*solid*" (*stabil, solide*), ich habe es etwas
erweitert.

der Mann, den ich gerade zu Pferd getroffen habe, so ernsthaft bemüht ist, seine neu gekauften Kühe zu überholen, die ihm weglaufen ... - denn alles Eigentum ist unsicher, und wenn sie[, seine Kühe,] nicht wieder weglaufen, kann man sie ihm wegnehmen, nachdem er sie [wieder] bekommen hat. Narr! Weiß er nicht, dass sein Saatkorn dieses Jahr weniger wert ist? - dass alle segensreichen Ernten ausfallen, wenn man sich dem Reich der Hölle nähert? Kein kluger Mensch wird unter diesen Umständen ein steinernes Haus bauen, oder sich auf irgendein friedliches Unternehmen einlassen, das eine lange Zeit zur Vollendung erfordert. Die Kunst ist so lang [andauernd] wie immer[137], aber das Leben ist mehr

---

[137] Im Original: "*Art is as long as ever, but life is more interrupted and less available for a man's proper pursuits.*" Es bedeutet, dass die Kunst, die man schafft, das Leben überdauert und lange weiterbesteht, auch wenn das eigene Leben eher kurz ist.

Cramer (Thoreau und Cramer 2013) weist auf "V*ita brevis, ars longa*" ("*Die Kunst ist lang, das Leben ist kurz*") hin, was auf Hippokrates zurück geht. Auf Deutsch heißen die Zeilen bei Hippokrates: *"Das Leben ist kurz, / und Kunst lang, / Gelegenheit flüchtig, / Experimente gefährlich, / und Urteil schwierig."* (*Hippokrates und Addams o. J.*)

Henry David Thoreau könnte sich auch auf "*A Psalm of Life*" von Henry Wadsworth Longfellow (*Longfellow und Poetry Foundation 2021*) beziehen:

"*Art is long, and Time is fleeting, / And our hearts, though stout and brave, / Still, like muffled drums, are beating / Funeral marches to the grave.*" ("*Kunst ist lang und die Zeit flüchtig, / Und unsere Herzen, obwohl kräftig und mutig, / Trotzdem schlagen sie wie gedämpfte Trommeln / Trauermärsche ins Grab.*")

Henry Wadsworth Longfellow war ein bekannter amerikanischer Dichter und ein Zeitgenosse Henry David Thoreaus, er

unterbrochen und weniger verfügbar für die eigentlichen Beschäftigungen eines Menschen. Es ist kein Zeitalter der Ruhe. Wir haben alle unsere ererbte Freiheit aufgebraucht. Wenn wir unser Leben retten wollen, müssen wir darum kämpfen.

[54] Ich gehe zu einem unserer Teiche; aber was bedeutet die Schönheit der Natur, wenn die Menschen niederträchtig sind? Wir gehen zu Seen, um unsere Gelassenheit in ihnen widergespiegelt zu sehen; wenn wir nicht gelassen sind, gehen wir nicht zu ihnen. Wer kann gelassen sein in einem Land, in dem sowohl die Herrscher als auch die Beherrschten keine Prinzipien haben? Die Gedanken[138] an mein Land verderben mir meinen Spaziergang [in die Natur]. Meine Gedanken sind Mord am Staat, und unwillkürlich verschwören sie sich gegen ihn.

[Hoffnung]

[55] Aber es traf sich, dass ich am anderen Tag den Duft einer weißen Wasserlilie[139] wahrnahm, und die Zeit, auf die ich gewartet hatte, war gekommen. Sie[, die weiße Wasserlilie,] ist das Sinnbild der Reinheit.[140]

---

wurde in Massachusetts geboren.

[138] Im Original: "*remembrance*", doch ist "*Erinnerung*" im Deutschen eher das Denken an etwas Vergangenes - aber er denkt an den Jetzt-Zustrand.

[139] Obwohl die Seerose keine Lilie ist, wird sie als Wasserlilie (*Water Lily*) bezeichnet

[56] Sie explodiert [geradezu] so rein und schön in unser Auge, und [mit] einem so süßen Duft, als ob sie uns zeigen wolle, welche Reinheit und Süße im und aus dem Schlamm und Dreck der Erde extrahiert werden kann. Ich glaube, ich habe die erste gepflückt, die sich seit einer Meile geöffnet hat. Welch eine Bestätigung unserer Hoffnungen liegt in dem Duft dieser Blume! Ich werde nicht so schnell an der Welt verzweifeln, trotz der Sklaverei und der Feigheit und Prinzipienlosigkeit der Nordstaatler. Sie[, die weiße Seerosse,] deutet an, welche Art von Gesetzen am längsten und am weitesten vorherrschten und immer noch vorherrschen, und dass die Zeit kommen mag, in der die Taten der Menschen ebenso süß duften werden. Das ist der Geruch, den die Pflanze verströmt. So lange die Natur diesen Duft jedes Jahr zusammensetzen kann, werde ich glauben, dass sie noch jung und voller Kraft ist, dass ihre Integrität und ihr Genie unbeeinträchtigt sind, und dass es auch im Menschen [eine] Tugend gibt, die geeignet ist, sie zu erkennen und zu lieben. Es erinnert mich daran, dass die Natur kein Partner für einen Missouri-Kompromiss gewesen ist. Ich rieche keinen Kompromiss im Duft der Seerose. Es ist keine Nymphoea Douglasii[141]. In ihr ist das

---

[140] Offiziell gibt es keine weißen Seerosen (weiße Wasserlilien) in Nordamerika, sie heißt auch *"Europäische Wasserlilie"*. Henry David Thoreau erwähnt folglich etwas Seltenes, nicht weit Verbreitetes.

[141] Eine *Nymphoea* ist eine Seerose, eine *Douglasii* ist eigentlich eine Tanne (Douglasie). Da Thoreau zuvor jedoch den Missouri Kompromiss erwähnt, vermutet Cramer (Thoreau und Cramer 2013) hier eine Anspielung auf Senator A. Douglas,

Süße, Reine und Unschuldige völlig getrennt vom Obszönen und Unheilvollen. Ich rieche hierin nicht die zeitraubende Unentschlossenheit eines Gouverneurs von Massachusetts oder eines Bürgermeisters von Boston. Verhalte dich so, dass der Duft deiner Handlungen die allgemeine Süße der Atmosphäre verstärken kann[142], damit wir, wenn wir eine Blume sehen oder riechen, nicht daran erinnert werden, wie unvereinbar deine Taten mit ihr sind; denn jeder Duft ist nur eine Form der Werbung für eine moralische Qualität, und wenn keine anständigen Handlungen durchgeführt worden wären, würde die Lilie nicht süß riechen. Der faulige Schleim steht für die Trägheit und das Laster des Menschen, den Verfall der Menschheit; die duftende Blume, die aus ihm entspringt, für die Reinheit und den Mut, welche unsterblich sind.

[57] Sklaverei und Knechtschaft haben nicht jedes Jahr eine süß duftende Blume hervorgebracht, um die Sinne der Menschen zu bezaubern, denn sie haben kein wirkliches Leben: sie sind nur ein Verfall und ein Tod, widerwärtig für alle gesunden Nasenlöcher. Wir beklagen nicht, dass sie *leben*,

---

der federführend beim besagten Kompromiss war.

[142] Eine originelle Abwandlung des Kategorischen Imperatives von Immanuel Kant: "*Handle so, dass die Maxime deines Willens jederzeit zugleich als Prinzip einer allgemeinen Gesetzgebung gelten könne.*" (Kant o. J., §7)

sondern dass sie *nicht begraben werden.* Lasst die Lebenden sie begraben[143]: auch sie sind gut für Dünger.

---

[143] Könnte ein Bezug auf Matthäus 8:22 sein:
"Aber Jesus sprach zu ihm: Folge du mir und lass die Toten ihre Toten begraben!" (bibeltext.com 2020)

LITERATURANGABEN

bibeltext.com. 2020. „Bibel Online". bibeltext.com. 2020. https://www.bibeltext.com/.

Grammarist. o. J. „Honor among Thieves and No Honor among Thieves – Grammarist". Grammarist. Zugegriffen 7. Januar 2021. https://grammarist.com/proverb/honor-among-thieves-and-no-honor-among-thieves/.

Hippokrates, und Charles Darwin Addams. o. J. „Hippocrates, Aphorismi, SECTION I, Part 1". Library. Perseus Digital Library. Zugegriffen 6. Januar 2021. http://www.perseus.tufts.edu/hopper/text?doc=Perseus%3atext%3a1999.01.0248%3atext%3dAph.

Kant, Immanuel. o. J. „Kritik der praktischen Vernunft". Projekt Gutenberg.de. Zugegriffen 6. Januar 2021. https://www.projekt-gutenberg.org/kant/kritikpr/krt11103.html.

Longfellow, Henry Woodsworth, und Poetry Foundation. 2021. „A Psalm of Life". Text/html. *Poetry Foundation* (blog). Poetry Foundation. Https://www.poetryfoundation.org/. 5. Januar 2021. https://www.poetryfoundation.org/poems/44644/a-psalm-of-life.

Milton, John. o. J. „Paradise Lost: The Poem". Paradiselost.Org. Zugegriffen 7. Januar 2021. http://www.paradiselost.org/8-Search-All.html.

Randall, Varnellia R. 2012. „Slavery on the Web". Academic.Udayton.Edu. 24. April 2012. https://academic.udayton.edu/race/02rights/slave01.htm#Article%201-9.

Shakespeare, William. o. J. „Henry IV, Part 1: Entire Play". Shakespeare.Mit.Edu. Zugegriffen 7. Januar 2021. http://shakespeare.mit.edu/1henryiv/full.html.

Swift, Jonathan. 1729. „A Modest Proposal". https://www.gutenberg.org/files/1080/1080-h/1080-h.htm.

Thoreau, Henry David. 2011. *The Journal of Henry David Thoreau, 1837-1861*. New York Review of Books.

———. 2013. *Complete Works of Henry David Thoreau*. 1. Edition. Delphi Classics.

Thoreau, Henry David, William Ellery Channing, Ralph Waldo Emerson, und Sophia E. Thoreau. 1866. *A Yankee in Canada, with Anti-Slavery and Reform Papers*. Boston, Mass.: Ticknor and Fields. http://archive.org/details/yankeeincanada00thorrich.

Thoreau, Henry David, und Jeffrey S. Cramer. 2013. *Essays: a fully annotated edition*. New Haven: Yale University Press.

Wikipedia. 2017. „Merchants Exchange (Boston, Massachusetts)". In *Wikipedia*. https://en.wikipedia.org/w/index.php?title=Merchants_Exchange_(Boston,_Massachusetts)&oldid=775318062.

WEITERE VERÖFFENTLICHUNGEN

Henry David Thoreau:
Mensch sein, statt Untertan

Thoreau, H.D., Emerson, R.W., Schieferdecker C.: Mensch sein, statt Untertan. Norderstedt (BoD), 2021, 260 Seiten

Das Buch enthält die folgenden Schriften, neu übersetzt und mit zahlreichen Anmerkungen zur Übersetzung, geschichtlichen Hintergründen und Bedeutungen der Texte versehen:

- *Über die Pflicht zum Ungehorsam gegen den Staat*
- *Leben ohne Prinzipien*
- *Sklaverei in Massachusetts*
- *Unabhängigkeit (Gedicht)*

So wie die drei Essays und das Gedicht im Original:

- *On the Duty of civil Disobedience*
- *Life without Principles*
- *Slavery in Massachusetts*
- *Independence (Gedicht)*

Außerdem:

- *Ralph Waldo Emerson über Henry David Thoreau (Biographical Sketch)*
- *Thoreau und seine Zeit (geschichtlicher Überblick)*

Die Essays als Einzelausgaben:

Folgende Essays von Henry David Thoreau gibt es bislang auch als Einzelausgaben. Alle wurden *neu übersetzt* und *mit zahlreichen Anmerkungen* zur Übersetzung, geschichtlichen Hintergründen und Bedeutungen der Texte versehen.

Henry David Thoreau:
Über die Pflicht zum Ungehorsam gegen den Staat

Thoreau, H.D., Schieferdecker C.: Über die Pflicht zum Ungehorsam gegen den Staat. Norderstedt (BoD), 2021, 88 Seiten

Henry David Thoreau:
Leben ohne Prinzipien

Thoreau, H.D., Schieferdecker C.: Leben ohne Prinzipien. *Norderstedt (BoD), 2021, 90 Seiten*

Henry David Thoreau:
Unterwürfigkeit oder: Sklaverei in Massachusetts

Thoreau, H.D., Schieferdecker C.: Unterwürfigkeit oder: Sklaverei in Massachusetts. *Norderstedt (BoD), 2021, 76 Seiten*

Dieses Buch enthält eine Neuübersetzung von "*Slavery in Massachusetts*" *(Sklaverei in Massachusetts)*, sowie zusätzlich einen geschichtlichen Überblick über die Entwicklung der Sklavereigesetze.